www.ingramcontent.com/pod-product-compliance
Lightning Source LLC
Chambersburg PA
CBHW031300090426
42742CB00007B/539

דנ"א רוחני

# דנ"א רוחני

## שיטה להארה רוחנית


מאת

אברהם איזנמן



תרגום לעברית מאת

אריה שבצ'נקו

"לכל דבר יש הסבר והכל לטובה"

אברהם איזנמן

# מכתב המלצה

ד"ר רפאל גרנות N.D Ph. D ברפואה טבעית

יועץ מוסמך לענייני בריאות בכל ענפי הרפואה הטבעית

**בדיקת שיער לאבחון מחלות הגוף**

**כל אדם הוא עולם שלם**

- בדיקת שיער מדוייקת.
- התאמה אישית של מזון ותרופות.
- מאמן: שמירת בריאות, ריפוי מחלות, ספורט וזוגיות.

משרד: בני ברק | טל: 03-5796717 | נייד: 050-4182887 | www.drgranot.co.il

בס"ד

שני אוגוסט 2018

אלול תשע"ח

הסכמה וברכה!

הסופר אברהם אייזנמן נתן לי לעיין בספר שהוא כתב: ←
ג.ו.נ.י.ז רותני והוציא אותו להפצה. התרשמתי לטובה מאוד,
מהתוכן שכתוב בצורה ברורה מסודרת מלא בחכמה!
המעיין יכול את העיון והמחשבה הגבוהה בתוכן –
מקיף ומרחיב ומגביהה של כל חכמת הנסתר של הקבלה – הסופר אברהם נ"י
של הרב המקובל יהודה ליב אשלג זצוק"ל – בעל הסולם, ובמיוחד מהפירושים
יכול ללמוד וגם להסתכרן ולקבל את עצמו גם כן ללמוד חכמה עתיקה. המעיין והקורא
אברהם למד תורה הנסתר גם ממני ואני גאה בכך.
מברך אותו שימשיך להגדיל בתורה ובחכמת הקבלה.

הרב רפאל גרנות שליט"א
בני ברק
0525-919743

(מכתב המלצה בדפוס)

ד"ר רפאל גרנות N.D PhD ברפואה טבעית

ב"סד

שנת אוגוסט 2018 אלול תשע"ח

**הסכמה וברכה!**

הסופר אברהם אייזנמן נתן לי לעיין בספר שהוא כתב:

*אנ.א רוחני* 7 והוציא אותו להפצה. התרשמתי לטובה מאוד,

מהתוכן שכתוב בצורה ברורה מסודרת מלא בחכמה !

המעיין יכיל את הרעיון והמחשבה הגבהה בתוכן.

הסופר אברהם נ"י [נרו יאיר] מקיץ ומרחיב ומגביהה על כל חכמת הנסתר של הקבלה ובמיוחד מהפרושים של הרב המקובל יהודה לייב אשלג זצק"לל – בעל הסולם, המעיין והקורא יכול ללמוד וגם להסתקרן ולקבל על עצמו גם כן ללמוד חכמה עתיקה.

אברהם למד תורה הנסתר גם ממני ואני גאה בכך.

מברך אותו שימשיך להגדיל בתורה ובחכמת הקבלה.

הרב רפאל גרנות שליט"א

בני ברק

0525-919743

www.drgranot.co.il | 050-4182887 | 03-5796717

# תוכן עניינים

דנ"א רוחני

# פתח דבר

הייתי רוצה להודות לבורא עולם, ישתבח שמו לעד, על שנתן לי בסיעתא דשמיא את הכוח והתמיכה להשלים את הספר הזה.

בתור ילד תמיד הייתי ספקן שלא מקדיש תשומת לב רבה לנושאים דתיים או רוחניים. הייתי שקדן והיה לי יותר עניין ויכולת במתימטיקה וחשיבה מופשטת, מדעים, מדעי החברה ואומנות.

נולדתי וגדלתי להורים יהודיים בבוגוטה שבקולומביה. בחיפוש אחר חיים טובים יותר, אבי עזב את פולין בהיותו נער בן שתים עשרה, בדיוק בזמן שהיטלר עלה לשלטון. אימא שלי, בת למהגרים מרומניה, נולדה באזור ההררי של האנדים, במרכז מטעי הקפה הקולומביאניים. היא והאחיות שלה חונכו על ידי מורות קפדניות בבית ספר קתולי, המנוהל על ידי נזירות פרנציסקניות משוויץ. תחת השפעת החינוך התובעני הזה, התגבשו והושפעו חייה הרוחניים, אמי פיתחה הרגל בריא של תפילה יומיומית. לא זכור לי יום אחד בודד, בו לא ראיתי אותה מתפללת.

למדתי בבית ספר יסודי ותיכון בבית הספר קולומבו-עברי (CCH). במשך שנתיים למדתי הנדסה בסיסית באוניברסיטת לוס אנדס ואחר כך, עברתי לישראל, למכון הטכנולוגי לישראל – הטכניון, כדי להמשיך את לימודיי בתחום המערכות ומדעי המחשב. יש לי זיכרונות נפלאים מאותם השנים, בהם הייתי סטודנט בטכניון. לא שמתי יותר מידי דגש על רוחניות, אלא יותר על חיי בוהמה, מוסיקה, רומבה ועוד.

היינו משפחה קולומביאנית יהודית עם מסורת, אם כי לא מאוד דתית. במשך הרבה שנים, עד שהפכתי בן 15, הייתי חבר בתנועת הנוער "השומר הצעיר". בטיולי המחנאות שלנו היינו יושבים סביב המדורה כדי לשיר, לדבר על החיים, על נושאים חשובים שיהיו לעד כמו המטרות של החיים. היינו מלאי תשוקה, להגיע לסוג של תובנה רוחנית, כדי להבין את משמעות החיים, להבין מה גורם לנו אושר, להבין את המערכת החברתית-פוליטית בה אנו חיים, פוליטיקה, ישראל והמזרח התיכון, אומנות וכדומה.

מגיל צעיר התחלתי לחקור את הסיבה לקיומי ואת משמעות החיים והמוות, מתוך רצון רוחני עז.

בגיל 22 חוויתי התנסות שהעירה את התעניינותי ברוחניות לצמיתות. לילה אחד, כשישנתי, קיבלתי תחושה מוזרה ונמרצת, חשתי בנוכחותה של דודתי אולגה - אחותה של סבתי – שמהות חייה היתה לעזור לזולת. באותו זמן היא גרה במרחק של מאות קילומטרים מאתנו, בעיר אחרת, אבל באותו לילה היא הופיעה בתודעתי בבירור. לא יכולתי לראות אותה בעיניים, אך עברה בגופי תחושה פיזית שהיא מושכת אותי אליה בזרוע, כאילו ביקשה שאבוא איתה. התעוררתי מפוחד, מבוהל, אך עם תחושה שעברתי חוויה של משהו אמיתי. לקח לי זמן לחזור לישון. בבוקר סיפרו לי הורי שדודה אולגה היקרה מתה באותו לילה, "במקרה" באותו זמן שחוויתי את המגע שלי איתה.

בעקבות החוויה התחלתי לשאול את עצמי האם קיים משהו נטול מסה פיזית או מגנטיות שמקשר בין אנשים או מאחד אותם, מערכת מסוימת, שלא ניתנת לקליטה על ידי חמשת החושים שלנו, שקיימת ומאחדת את כולנו, לא משנה כמה אנשים מרוחקים מבחינה פיזית, שלא מוגבלת בזמן או בחלל. שאלתי את עצמי האם אפשר להגדיר משהו שיתפקד כמערכת רוחנית.

נושא הרוחניות הפך להיות נועז וחשוב בעיניי והחל למשוך את תשומת לבי באופן כה מיוחד, שהתחלתי ללמוד כל מה שקשור תוך ניסיון להיות מציאותי וחסין מפני פנטזיה, בלי להאמין בסיפורי רפאים ובמיוחד לא בסטיות לא כל כך מדעיות.

בתמיכת מורים שונים שפתחו לי דלתות בתחומים רבים הקשורים למילה "רוחניות" התחלתי ללמוד: תלמוד, הלכה, מיסטיקה, אסטרולוגיה וגימטרייה, ועד היום אני לומד תורת הנסתר, קבלה.

עכשיו, ארבעים שנה אחרי החוויה הזו, אני יכול להבין ולהעריך את החשיבות של המערכת הרוחנית, את החלקים שמרכיבים אותה וכיצד להפוך את חיי היומיום למלאים בשלווה, נחת ואושר. התחלתי להבין שכל מה שקורה לנו הוא לטובה ויש לו סיבה חיובית והיא מגיעה ממערכת רוחנית השולטת על חיינו, מערכת מורכבת שכוללת כל מה שקשור לעולם שסביבנו: משפחה, חברים, עמיתים וכן הלאה. כמו כן גופים ציבוריים או פרטיים שמשפיעים על חיינו הן במישרין והן בעקיפין.

מול איזו בעיה מתמודדת החברה?

בחלקים רבים של העולם, הבעיות של היומיומיות מתחילות להנציח את הפחד ואת הייאוש אשר, למרבה הצער, מערערים את הקיום שלנו. זה מוביל לשינויים בחיינו.

הציוויליזציה שוקעת במשברים כלכליים, סביבתיים וחברתיים כלל עולמיים. המערכת הקפיטליסטית אינה מספקת פתרונות, אלא אף מנפחת אותן על ידי הגברת החרדה שלנו, על ידי כך שהיא מחלישה אותנו ומטשטשת עבורנו את האופק.

האם אנחנו, בתור אנשים ובמסגרת היחס שלנו לאחרים, יכולים לעשות משהו כדי להשיג את החיים הטובים ביותר בתנאים של המאה ה-21 הנסערת הזו?

ספר זה מציע שיטה להשיג ולהפוך את חיינו למשהו בעל ערך, מלא תקווה, תשוקה, שלמות, אופטימיות, צדקה, אהבה, הכרת תודה, צדק, חירות וסדר.

זה לא אומר שהחיים יהיו נטולי בעיות, כי, כמו שחבר טוב שלי אנדרה אסין ז"ל נהג לומר: "האדם היחיד שאין לו בעיות הוא אחד שכבר מת".

בעודנו חיים, עלינו לתקן את עצמנו. ניתן לשנות דברים לטובה, תוך שיפור של ההווה.

# רוחניות בחיי

כחלק מהמנהגים של משפחתי, לימדו אותנו לבצע מעשי צדקה, לתת כסף לעניים, למסור בגדים שלא השתמשנו בהם, לתת מזון לנזקקים, וכן

הלאה. אני זוכר שכשהייתי בן 11, הגיע ילד בגיל שלי להתחנן. היה קר,
ואמי אמרה לו לחכות רגע. אחרי כמה דקות היא נתנה לו סוודר שבאמת
אהבתי ועדיין הייתי לובש, למרות שכבר היה ישן וצמוד עלי. מבלי
לחשוב על זה יותר מדי היא נתנה לילד את הסוודר. מיד ביקשתי ממנה
לתת לו משהו אחר, לא את הסוודר שהרגשתי כל כך קשור אליו. ואז אמא
שלי אמרה לי, "לעולם אל תתקשר לחומר כלשהו, כל חומר יעבור יום
אחד, כולל גופנו." הביטוי הזה היכה בי במקום.

בגיל 25, גרוש אחרי שנה וחצי של נישואים במערכת יחסים לא מוצלחת
עם אשתי לשעבר ועם בת כתוצר של מערכת היחסים הזו, נכנסתי לאחת
התקופות הקשות ביותר בחיי, סבלתי מדיכאון שנמשך 5 שנים. היא גרמה
לי לחלות, ספגה ממני את כל האנרגיה והפכה את החיי לאומללים. מוחי
נצמד לדפוס של תלונות, האשמתי את עצמי ואת אשתי לשעבר, רחמים
עצמיים וטינה ליוו את חיי באותם ימים.

נפגשתי עם יועצים ופסיכולוגים, אבל הם לא עזרו הרבה. לבסוף הבנתי
שאם לא אסלח לעצמי או לאשתי לשעבר לא אזכה לחיים מאושרים.
מסקנה זו גרמה לי להבין שהעתיד אינו דבר שאני יכול לשלוט בו, ולכן
עלי לפעול כאן ועכשיו. הסליחה לא באה מהר. למדתי שכעס לא משרת
שום מטרה, אלא להיפך: הוא חיזק את האגו המזויף שלי.

היום אני מודה לכך שאגואיזם לא מגיע בלי זעזועים ומחלוקות, ואני מבין
שהמוח שלי לא מסוגל לסלוח, אלא רק הנשמה שלי, האני הפנימי שלי,
ההווי שלי. לקח לי מספר שנים להגיע לשלום הפנימי שלי שעזר לי להבין

טוב יותר את המערכת הרוחנית, אשר עם הזמן הביאה לי חסינות מוחלטת מפני דיכאון, שמעולם לא חשתי שוב, מעולם!

כשהייתי בן 33 היגרתי לקנדה בחיפוש אחר עתיד טוב יותר. באותה תקופה, לראשונה, התחלתי ללמוד נושאים הקשורים למסורת היהודית, כולל תלמוד וקבלה.

התחלתי לסמן את הנקודות הראשונות במפת המערכת הרוחנית ולאסוף עובדות רלוונטיות.

חמש שנים לאחר מכן יצאתי לבוגוטה, לבקר את המשפחה שלי ואת חברי. נפגשתי עם ידידי הטוב והיקר פפה רודרו, ספרדי שחי בקולומביה. אחרי שלא ראינו זה את זה במשך זמן רב, פפה נשא עינו בפליאה על החולצה הנהדרת ודי יקרה שלבשתי ושקניתי שבוע לפני הנסיעה, מתוך גחמה המוצגת בביישנות מועטה והרבה חוצפה, הוא ביקש ממני לתת לו אותה. הוא טען שהוא אוהב אותה ושאני צריך לתת לו אותה. הופתעתי מן הבקשה משום שזו הייתה הפעם הראשונה שלבשתי את החולצה והיא התאימה לי מאוד. ואז חשבתי: "כמה פעמים פפה ביקש ממני משהו?" כדי לקצר את הסיפור, נתתי לו את החולצה החדשה שלי. הוא היה אסיר-תודה ולבש אותו מיד. נשארתי בגופייה בלי הרבה אי-נוחות, היות שמזג האוויר היה נחמד. עד היום אני רואה את חיוכו הקסום של פפה ואת פניו השמחות. זה שימח אותי והרגשתי אושר כשראיתי את ידידי היקר מאושר. הייתה זו הפעם האחרונה שראיתי את פפה. חזרתי לקנדה, וכעבור שלושה חודשים נודע לי שהוא מת מהתקף לב בגיל 40. אני שואל

את עצמי לעתים קרובות, איך הייתי מרגיש אם הייתי מסרב לו אז? בשבילי זו הייתה ההזדמנות לחיות נכון את ההווה שלי, לתת אהבה. חיוכו ואושרו נקלטו בי לעד.

זו הייתה התחלה של חינוך הולם ומבוסס יותר בחיפוש שלי אחר דרך בסיסית וברורה שתתווה ותתאר את המערכת הרוחנית של כל אדם נתון. למדתי להתבונן ולנתח מנקודת מבט רוחנית. חיפשתי את הזהות הרוחנית שיכולה להציע לנו מפתח לקיום טוב יותר. הפכתי לחלוץ רוחני שקט, לחוקר רוחני.

בזמני החופשי למדתי קולנוע כתחביב. כסטודנט כתבתי, ביימתי והפקתי כמה סרטים קצרים, שאחד מהם דבר על רוחניות. בתקציב הדוק מאוד צילמתי סרט באורך 15 דקות על רוחניות בשם "באשערט - הנשמה התאומה" *Beshert* - (*The Soul Mate*). הסרט הוקרן במספר פסטיבלי קולנוע בינלאומיים, ואף זכה בפרס באחד מהם. "באשערט" הוא סיפור אהבה המבוסס על הקבלה. כפי שנאמר: "40 יום לפני שילד נוצר ברחם האישה, כבר נבחרת לו הנשמה התאומה שלו". הסרט מספר את סיפורו של בחור צעיר ואת חיפושו אחר הנשמה התאומה שלו. (את הסרט ניתן למצוא ב- YouTube או בשכירות במרכז ההפצה של קולנוע קנדי בטורונטו, קנדה).

אחר כך חייתי חמש שנים בארצות הברית, עד סוף שנת 2000, כשהחלטתי לעבור סוף סוף לישראל. השנים שביליתי בארצות הברית ובקנדה סיפקו לי גילויים רוחניים שונים.

אף על פי שזה לא נפוץ כל כך, בישראל יש את האנרגיות הרוחניות ואת
הברכות הנצחיות לכל תושביה, כדי שיהיו מאושרים וירגישו מרוצים. כפי
שכתוב בכתבי הקודש, ארץ ישראל קיבלה את היכולת האלוקית להפוך
את כל מי שחי כאן למאושר. עובדה זו נכונה ללא ספק.

אני מאמין שירושלים היא המקום עם האנרגיה הרוחנית החזקה ביותר
בעולם, שבה הנשמה של האדם רוטטת בצלילות ומגיעה לאיכות מרבית.
היה לי מזל להיות מסוגל לבקר במקומות רבים ברחבי העולם, אשר
מוכרים בתור מוקדי הצטברות של אנרגיה רוחנית חיובית. אומרים
שבמקומות כאלה נשמתו של האדם רוטטת ברמה גבוהה יותר. אני יכול
להזכיר כמה מן המקומות, בין היתר, סדונה (אריזונה), פארק לאומי באנף
(קנדה), מאצ'ו פיצ'ו... האנרגיה הרוחנית החיובית שזורמת בשפע
מהמקומות האלה מחברת בין הנשמות של האנשים. אין מקום הדומה
לירושלים. אם מעולם לא ביקרת בה, עלייך לעשות זאת. זה יגרום לך
להרגיש משהו "מיוחד".

# הכאב שלי הוא הכאב שלך

בהזדמנויות שונות בחיינו אנחנו מרגישים כאב, חולשה, ייסורים, דאגה,
הפרעה, פחד, עלבון, צער ואכזבות.

אני בעצמי, חוויתי את הרגשות הללו אינספור פעמים. אלה מצבים
איומים. כן, הם חלק מהחיים, אבל אם אנחנו רוצים להמשיך לחיות,
אנחנו לעולם לא חייבים להשלים עם התבוסה!

השאלה היא: איך להיות מאושר? או לכל הפחות, איך אפשר להרגיש
ניטרליים, ללא כאב או תהילה? תחושת טוב עוזרת לנו להעריך נכונה את
מצבנו, ולפיכך להיות מסוגלים לקבל החלטות בשלווה תוך שימוש
באינטליגנציה רגשית. לפעמים הכאב מגיע מלראות כאב של מישהו קרוב
אלינו, מישהו שאנחנו אוהבים. במקרה כזה, הסבל שלהם יכול לגרום לנו
כאב חזק, אפילו יותר משלהם, ולהשאיר אותנו בחוסר אונים לגבי מה
לעשות.

לאחר שנים רבות של ניסוי וטעיה של "פתרונות" מעשיים, כגון פניה
לרופאים, נטילת תרופות, טיפול פסיכולוגי, טיפול אלטרנטיבי, רבנים,
מדריכים רוחניים... הגעתי למסקנה שהתשובה לרוב השאלות, היא
בניהול המערכת הרוחנית שלנו, הישות הרוחנית השולטת באדם ובסביבה
החברתית. אני קורא לזה "מערכת רוחנית", כי היא מתפקדת כאחת,
ובספר זה אציג בפרטי פרטים את אופן הפעולה של דגם המערכת
הרוחנית.

## המסר של הספר

המטרה של ספר זה היא ליצור שיטה להבנה והשגה של כוח רוחני על ידי
האדם ויחסי הגומלין שלו עם האחרים.

בנוסף, נרצה לפרוש כאן דרך של חשיבה, ניתוח, והתנהגות המאפשרת
לחיות את חיי היומיום באופן מהנה. ברגע שהאדם מתחיל לצעוד בדרך
אל הארה רוחנית, הוא מסוגל להצטרף לאנשים אחרים, בעלי אותן

המטרות וביחד להתעלות לטובת החברה כולה. המסע הרוחני יתרום
להתפתחות של עולם טוב יותר, עולם "מואר", לחיים בהרמוניה עם
הטבע, עבורנו, עבור ילדינו ודורות העתיד.

הספר הזה הוא תוצר הלימודים שלי, תוצאה של חיפושים ותצפיות. אני
מקווה וכמהה שתוכן הספר יגיע לאותם האנשים הרבים בתחילת דרכם
להכרת המערכת הרוחנית שלהם וליישום תורתם ברמה האישית
והקבוצתית, בתוך משפחותיהם, בין חבריהם ובחברה בה אנו חיים.

יש בי רצון עז שהדרך אל הרוחניות וההתקדמות בהבנת המערכת
הרוחנית המוצגת כאן תעורר בקוראים את המודעות הן לחיי הרוח והן
לחיי החומר. אימוץ ויישום של כמה מושגים בסיסיים המוזכרים כאן,
יביאו, קרוב לוודאי, לבריאות טובה, עושר, אהבה אמיתית ולזמן פנוי
ליהנות מהחיים היפים. אין בי צל של ספק שהספר הזה יעזור לנו להגיע
למצב של ידע מתמשך להבנה אמיתית של הסביבה הרוחנית שלנו.

## יסודות השיטה המוצעת

ספר זה מבוסס על רישומים שלי שנכתבו בשיעורי הקבלה. הקבלה
מבוססת על לימוד ספר הזוהר, שנכתב בארמית על ידי רבי שמעון בר
יוחאי ("רשב"י") במאה ה-2 לספירה. במשך אלפי שנים, עד המאה
האחרונה, רק קבוצה מצומצמת נבחרת של אנשים הגיעה לתובנה והפיצה
את הקבלה, תוך התחשבות בתוכן הנסתר שלה ובטקסטים המורכבים
והמופשטים שלה.

רק במאה ה-20 הרב יהודה לייב הלוי אשלג (1885-1954) המכונה "בעל הסולם", כתב את יצירת הפאר שלו: *פרוש לספר הזוהר*. לקח לו עשור כדי לסיים את עבודתו, בין שנים 1943 ל-1953. הספר כולל תרגום של הזוהר מארמית לעברית, וכן פרשנות נרחבת.

פרשנות זו נכתבה בצורה כזאת שהיא סוף סוף פתחה את דלתות *הזוהר* לכל האנושות. הודות לפרשנות שלו ולספריו האחרים, עזר לנו הרב יהודה אשלג להבין את *הזוהר*, באמצעות גישה מדורגת המאפשרת לנו להבין ולהטמיע פרטים עד שנצליח להגיע להבנה מוחלטת של הספר. הפרשנות שלו לספר הזוהר מספקת לנו מין "סולם" שבו אנו עולים וניגשים לסודות התנ"ך. כך הוא זכה לשמו: "בעל הסולם".

בספר זה מובאים מושגים ורעיונות שכבר ידועים וטמונים ביצירות המופיעות בביבליוגרפיה. אני משתמש בהם כדי להציג את נושא הרוחניות בכלל ואת הקבלה בפרט. התרומה שלי היא להציע מודל רוחני או שיטה להצלחה בדרך לרוחניות. הספר מכיל גם הסברים מקוריים לפי ההבנה, הפרשנות והניסיון שלי בנושא המערכת הרוחנית, כולם בשפה רגילה ומקובלת להבנה קלה של הנושא.

ספרים רבים נכתבו על רוחניות, אז איך הספר הזה שונה?

ראשית כל, זה תוצר החיפוש שלי, נקודת המבט שלי והניסיון שלי. אני רוצה לחלוק עם הציבור הרחב את הדרך להיות "מאושר ומרוצה ממה שיש לי כרגע". זה לא אומר שאני לא רוצה יותר, בדיוק להיפך: אני כן רוצה יותר, אבל אני חי את חיי ומאושר עם מה שיש לי.

שנית: השיטה שאני מציג, מציעה תהליך מובנה ושכבתי לניהול והכרה של המערכת הרוחנית, אשר תעלה אותנו ותסייע לנו להשיג הצלחה בכל מטרה שאנו מציבים לעצמנו ככל שנתרגל את המודל.

שלישית: הספר יתווה נתיב ברור לנוע לאורכו בכל פרויקט רוחני או עבודה. רוב הספרים בנושא אינם ברורים ולעתים, רחוקים מלהיות מדויקים.

רביעית: ספר זה מראה כי ניתן למדוד ולכמת את התוצאה של העבודה הרוחנית. ניתן לחשב ולמדוד את ההשפעה שיש לאדם או לקבוצה על אחרים. השיטה הרוחנית המוצעת פועלת ויכולה להיות מיושמת בכל עת, כל עוד מתקיימים תנאים הכרחיים. השיטה הרוחנית המתוארת בספר *הזוהר* היא מדע מדויק.

נקודה חשובה שהספר מציג היא דחיפה ברורה לעבר המטרה הרוחנית, יחד עם קבוצת אנשים ועם החברה כולה, כי, כפי שאנו רואים, היא הדרך היחידה לשפר את קיום האנושות.

## טווח הגישות והמיקוד

הפתרון שיוצג כאן ישפיע על מי שמוכן להתחיל או שכבר החל את דרכו אל עבר הרוחניות. המודל המוצע הינו מערכת לצמיחה רוחנית והשגה בתוכינו, מודל רוחני שמגדיר את חלקיו ופעילויותיו. אנו מסבירים על מה פועלת המערכת הרוחנית, מה התהליכים הפנימיים והחיצוניים שלה, לאילו תוצאות היא מביאה ומה היא שיטת הפעולה שלה.

ספר זה מכוון לאנשים המחפשים תשובות ומרגישים שאיפה לרוחניות
(שבדרך כלל נקראת: "הנקודה שבלב", מונח שטבע ד"ר מיכאל לייטמן
בספריו). ספר זה יעזור לאנשים חדשניים המסוגלים להגיע לשינוי פנימי,
להיות פתוחים לשלב ולאמץ סוגים חדשים של מחשבה, ניתוח ופעולה
בתחום הרוחני.

אנו מיישמים עדשה מדעית ומתמטית המאפשרת להגדיר יחסים מסוימים
בין המרכיבים השונים של המערכת הרוחנית. המוקד הבסיסי של הספר
הינו הצגת המערכת הרוחנית. למרות שאנחנו משתמשים במונחים טכניים
מדעיים, אנחנו משתדלים להקל על הקריאה ולהביא להבנה כי המודל
שפותח כאן מוביל אותנו להבנת המערכת הרוחנית שלנו. אולי חלק
מהקוראים עשויים להרגיש מאוימים על ידי כמה מונחים מתמטיים או
מונחים ממערכות חישוביות, אני ממליץ לקוראים אלה לתת לעצמם
לזרום עם הטקסט ולהתרכז בתוכן של המודל הרוחני.

סביר להניח כי ספר זה יעזור לאלה שסקרנים ומתחילים להבחין ברוחניות
להבין איך המערכת פועלת.

בנוסף, זה ייתן להם כלי להבנה היכן וכיצד להזין את הנשמה, את החלק
הרוחני של האדם. מושג הנשמה מוגדר ומוסבר בפירוט בהמשך. לפעמים
קריאת ספר על רוחניות, גם מבלי להפנים את רעיונותיו, מספיקה לנשמתו
של הקורא כדי להטמיע אותם באופן אינטואיטיבי.

תמצאו את הספר הזה כידידותי. בחלקים מסוימים הוא כתוב בצורה של
אימון אישי, כמו הוראה, באחרים הוא יותר רשמי. עלינו לנסות לקרוא

15

אותו כדי לקבל משמעות אישית, כי לכל אדם יש היבטים רוחניים שולטים משלו ומוכרים רק לו שהוא מודע להם. יש כמה פסקאות בהן נמליץ לכם לקחת הפסקה, כדי להפנים אותם טוב יותר. פסקאות אחרות יסבירו מושגים נפוצים בקבלה במילים פשוטות להבנה קלה.

רוחניות היא הסיבה והגרעין של כל דת, אבל הספר הזה אינו קשור לדת או מסורת בפרט.

מדי פעם נביא קטעים מן המקרא וספרי קודש יהודיים אחרים, אך רק כדי להעמיק, להרחיב ולחזק את משמעות המודל הרוחני המדובר. בספר נדון גם בדרכי פעולה מקובלות ספציפיות, כגון תפילה.

היות שהוא שואב מן *הזוהר*, הספר הזה נתמך על ידי היהדות. מה שהספר הזה נועד לעשות, הוא להסביר את המערכת הרוחנית המשותפת לכל האנשים, שלמרות שאינם דוגלים באמונה היהודית, הם יכולים להרגיש משיכה ולקבל השראה לאמץ את השיטה המתוארת כאן ולהתחיל ליישם אותה בחייהם, תוך התאמה שלה אל האמונות שלהם. יתר על כן, אני מציע שיטה מובנית - עצמאית מכל דת - לניהול והכרה של המערכת הרוחנית שבתוכנו, הפתוחה לכל האנשים המעוניינים.

אני מאמין שהספר עשוי להיות שימושי בדרך כלשהי לכל אלה שמחפשים תשובות לגבי חייהם, היחסים הבינאישיים שלהם, האהבה, בריאות הנפש או היבטים אחרים. אנשים עם טבע חיובי ימצאו את תוכן הספר כבעל ערך בשביל השתקפות, גם אם הם לא נוטים ליישם את הכללים. אם קורא

דנ"א רוחני

אחד בודד ימצא הסבר או חלק קטן כלשהו שיאיר על משהו, או יפתור את אחת הבעיות שלו, המאמץ לכתיבת הספר לא היה לשווא.

ללא ספק לקורא תתעוררנה כאן שאלות, אי וודאויות והתנגדויות. אני מקווה שכל אלה תקבלנה מענה פשוט בהמשך הקריאה והן תתפוגגנה ותהפוכנה לבלתי רלוונטיות. היינו רוצים להוסיף כי המילים והביטויים המשמשים להביע קונספט, רעיון או מושג, הינם בעלי מטרה לקידום דיון מתקדם בנושא.

# פרק 1. רוחניות

המילה רוחניות הפכה לנפוצה מאוד בימינו. חיפשתי אחר ההגדרה של המילה ומצאתי מבחר אפשרויות שונות. באופן כללי, הדתות תפסו את הרוחניות כאבן היסוד של פעילויותיהן ושל החוויות המיסטיות שלהן. רוחניות היא המהות של כל דת בעולם, אבל רוחניות קיימת באופן עצמאי ובלתי תלוי מעבר לפולחן ולמסורות.

המונח "רוחניות" עולה כל פעם שאנו שואלים את עצמנו, מהיכן הגיע היקום? מהי משמעות החיים? למה אנחנו כאן? מה קורה כשאנו מתים? מדוע מתרחשים אסונות? מהי עין הרע? האם יש סדר בתוהו ובוהו? למה הייתה לי תאונת דרכים? מה הפירוש של מה שראיתי או מה שקרה לי? מדוע לאדם זה יש מוגבלות? וכן הלאה.

אנחנו מגדירים את הרוחניות כביטוי של החלק ה"אלוקי" שלנו שיכול להשפיע על מישהו אחר או על כמה אנשים בתנאי גומלין של הגדרה עצמית הדדית.

כשאנחנו אומרים "אלוקי", אנו לאו דווקא מתכוונים למשהו מיסטי או דתי, הכוונה היא לכך שאותו האדם זוהר עם אנרגיה חיובית, מרגיש טוב ושבע רצון, יוצר ובעל השפעה חיובית על האנשים סביבו באמצעות המעשים והגישות שלו.

עיסוק בדת יכול לעזור לאדם לפתח ולקדם את הרוחניות שלו, אבל הרוחניות, או ליתר דיוק המערכת הרוחנית של האדם, קיימת בתוכו גם אם אין לו שום קשר לדת.

## אתגר רוחני

התפתחות העולם היא תוצאה של התרחבות האגו האנושי. מטבעו, לכל אדם יש אגו, המנסה לשלוט ולהגביל את התנהגותו. בזכות התפתחות זו החברה שלנו השיגה קידמה מדעית וטכנית שנותנות מענה ושירותים כמו שמעולם לא ניתנו. אנחנו חיים בעולם מקושר לחלוטין, שבו המידע זורם ללא הרף 24 שעות ביממה, שבעה ימים בשבוע, בכל רחבי העולם.

בגלל האגו זכינו לחיי מותרות עם יתרונות רבים, אבל יחד עם זאת אנחנו גם חשופים לחסרונות בלתי נסבלים שמשפיעים עלינו לרעה ומשאירים אותנו כל יום עם פחות מקום וללא פרטיות. ברשת זו של רשתות מקושרות, זרימת הנתונים מזינה את כולנו באותה דיאטה של דעות, הבנות והטיות. התקשורת היומיומית הזאת מייצרת נסיגה או התכווצות של הגיוון. לאט אך בטוח, כולנו נגזרים על ידי אותם המספריים.

כדי שנוכל ליהנות ממסע החיים, לחיות בצורה אופטימית, להיות מאושרים בתווך ההמולה היומיומית ולהשיג שביעות רצון ממה שיש לנו כאן ועכשיו, עלינו להבין את המערכת הרוחנית שאנו שולטים בה ונושאים אותה בתוכנו.

# אגו

האגו הוא הרצון לחוש הנאה או סיפוק הקשורים לתחושת הזהות האישית. לפעמים כמות מסוימת של אגו היא חיובית, כאשר היא מספקת לנו הערכה עצמית וביטחון עצמי.

להיות מרוצה מעצמך או לשהות במצב של הגשמה עצמית נקרא אגואיזם. לעשות משהו כדי שמישהו אחר יקבל תחושה ישירה של שביעות רצון נקרא אלטרואיזם (הקרבה למען אחרים).

למרות אלפי שנים של התפתחות של אגו וצמיחתו בחברה בכלל ובקרב אנשים בפרט, הציוויליזציה המערבית כולה הניבה תוצאות הרסניות: זיהום סביבתי, שינויי אקלים, הרס והתעללות במשאבים טבעיים, ספקולציות של יבולים, חרדה גוברת, חיפוש בלתי פוסק אחר "משהו", מלחמות שהוטלו על ידי כוחות פונדמנטליסטיים, ממשלים טוטליטריים, שלטון דת, קרטלים בינלאומיים השולטים על רוב המשאבים הבסיסיים, מניפולציה של האמת בתקשורת שמחפשת רייטינג, אסונות טבע ומצוקות חברתיות אחרות.

העולם נשלט על ידי פחד ומשועבד על ידי שליליות, שהיא תוצאה של המנטליות האגואיסטית שלנו. קיימים תסמינים של תפקוד קבוצתי לקוי. הציוויליזציה מתקדמת אל עבר הרס עצמי ותחושה מסוכנת של התנכרות מתפשטת אל אנשים רבים ברחבי העולם. תחושת הפלישה לפרטיות שלנו כואבת מאוד. אנחנו מרגישים שדודים, מחוללים, וחסרי אונים. עצמאות

20

ומחשבה חופשית הופכות לנדירות מדי יום. אנו נידונים להיות חלק מן הטירוף הקולקטיבי הזה כל עוד אנו ממשיכים להרשות לעצמנו להיות נשלטים על ידי המנטליות האגואיסטית שלנו.

האגואיזם הוא חלק מוטבע של האנושות. אנחנו יצורי בשר ודם, ולכן באופן אינסטינקטיבי שואפים להשיג את צרכי החיים. מרגע הבריאה, כתוצאה של הטבע האנושי, אנשים הקדישו את חייהם לקבל ולצרוך הן את המוצרים הדרושים והן את המיותרים.

אנו צריכים מספר מועט של דברים חיוניים לחיים חומריים: מקלט, מזון, ביטחון, מין ובריאות. המטרה שלנו אמורה להיות סיפוק של כל אלה בכל מקום בעולם. אבל המציאות שונה. עכשיו, בתחילת המאה ה-21 ותחת המערכות הפוליטית והחברתית-כלכלית בהן אנו חיים, אנשים משתוקקים להרוויח כסף, כוח וכבוד, לזכות בתארים ולהשיג ידע.

הרצון התמידי שלנו הוא לקבל. אין דרך למנוע את זה או להסיר את היצר הזה, הוא מולד. האגו תמיד יהיה קיים ולעולם לא נוכל להתנתק ממנו. עלינו ללמוד לנהל את האגו ולהיות פתוחים לצמיחתה ולפיתוחה של עצמות הבורא בתוכנו ובכך להפוך את עצמנו לאנשים בעלי השפעה, למרות הטבע הצרכני שלנו. נקדיש את מלוא הפרק הבא לנושא הזה ולמושג הבורא.

עלינו ללמוד להשתמש בכוחו ובמשקלו של האגו שלנו על מנת לנהל ולכוון אותו כך שיסייע לנו להיות בעלי השפעה ואף אלטרואיסטים.

בתנ"ך כתוב שהאדם נברא בצלם אלוקים (*בְּצֶלֶם אֱלֹקִים בָּרָא אֹתוֹ*, ספר בראשית, פרק א', פסוקים כ"ז). במסורת היהודית, ובעקבות לוח השנה היהודי, לפני 5,777 שנים (2,017 שנים, על פי הלוח הגרגוריאני), זיהה הומו סאפיינס את נשמתו האלוקית. מאז היווצרותו של העולם המודע-האלוקי, לפני 5,777 שנה, באופן קבוע התרחקה האנושות מן החלק הרוחני שלה, תוך ניכור מיישום החלק האלוקי ותוך יצירת קרע רוחני בין האנושות לבין עצמות הבורא. באופן קבוע האנושות הורחקה מן המרחב הרוחני שלה, תוך ניכור מהצד האלוקי ויוצרת קרע רוחני בין האנושות לבין מהות הבורא. בינתיים, אנו מתחילים להבין את האובדן הרוחני הגדול או את הנזק שאנו כבני אדם סובלים ממנו כיום.

במהלך הצמיחה ללא הבחנה של האגו במשך אלפי שנים, העולם צבר טובין ועושר. אבל דברי המלך שלמה על הטובין הארצי של החיים: "הֲבֵל הֲבָלִים הַכֹּל הָבֶל. מַה-יִּתְרוֹן, לָאָדָם: בְּכָל-עֲמָלוֹ--שֶׁיַּעֲמֹל, תַּחַת הַשָּׁמֶשׁ?" מובילים אותנו למסקנה שהדבר היחיד שמעל השמש הינו הרוחניות.

לפני אלפי שנים סיים העולם את האבולוציה הרוחנית שלו ברמות הדומם, הטבע והחי. במשך 5,777 השנים האחרונות, אנו מפתחים את רמת הרוחניות האנושית, החל מאדם, האדם הראשון עם המודעות האלוקית, ותוך מעבר בשלבים שונים עד למצב הרוחני הנוכחי.

לפי ספר *הזוהר*, שהתוצר שלו הינו הקבלה, לאנושות ייקח בערך 6,000 שנה כדי להגיע למצב של אנרגיה רוחנית תמידית שנגלת בנו. זה הזמן הדרוש לתיקון האנושות. במילים אחרות, בתוך מקסימום של 223 שנים

(לפני 2,240 על פי לוח השנה הגרגוריאני) נגיע למטרה שלנו ונשלים את הזהות הרוחנית שלנו. אני אומר מקסימום, כיוון שהתהליך אינו תלוי בזמן כרונולוגי - זה יכול לקרות היום, בעזרת השם, אבל בהחלט בהתאם לפעילות הרוחנית של האנושות. כאשר נגיע ל- 6,000 שנה, העולם כולו יחווה מצב של מודעות גבוהה יותר. זה לא אומר שזה יהיה סוף העולם. העולם ימשיך להתקיים, אל דאגה.

ישנם שני נתיבים אפשריים בהם ניתן להביא את העולם כולו למצב של מודעות גבוהה יותר:

1) אבולוציה רוחנית רגילה, אשר נכון לעכשיו מכתיבה לנו קצב של 6,000 שנים עד להגעה ליעד. במילים אחרות, המשך צעד אחר צעד, בקצב שלנו, ללא כל האצה.

2) לבחור את הנתיב של האור, את הנתיב הרוחני, באמצעות לימוד השיטה הקבליסטית, אשר מלמדת אותנו כיצד להאיץ את התהליך על מנת להשיג את המטרה שלנו מהר יותר מאשר בתום 6,000 שנים.

במקרה הראשון, אנחנו פשוט שורדים בתגובה להתפתחות הטבעית של הדברים ומתאימים את עצמנו אליה. בדרך הנורמלית "האיטית" הזו, נחווה סבל, מכות ומכשולים... המכות הללו מאזנות אותנו ומתקנות אותנו באופן "טבעי".

בציוויליזציה המונעת על ידי המנטליות האנושית הטבעית והאנוכית, קיים פער, או הבדל, בין המיקום שההיבט הרוחני שלנו דורש לבין המיקום הרוחני הנוכחי הממשי שלנו. הפער הזה כולל את העמדות וההתנהגויות שהאנושות צברה במשך מאות שנים, אך התעלמה מהן או עוד לא הצליחה לתקן בנשמתינו. ספר זה מתייחס להבדל בין המיקום הנוכחי של נשמתינו לבין מקום הבורא, בו היא אמורה להיות, כ"פער רוחני". נתעמק בצורה מלאה יותר בנושא זה בפרק הבא.

במאה ה-21 המוחות שלנו משקפים פער רוחני והצטברות של אלפי שנים של שליליות פסיכולוגית. האגו המשותף של האנושות המכונה "האגו המשולב" אטם את כולנו ובו בזמן הפריד בינינו. כאשר האגו המשולב גודל באופן לא מאוזן מופעל חוק האיזון (שמהותו מוסברת בהמשך), מה שמוביל לכל מיני אסונות.

חוכמתם של אפלטון ואריסטו הייתה לטובת האגו שלהם, כדי שכולם ידעו כמה הם חכמים וכמה הם יודעים. היום, מתרחש משהו דומה, אבל עם כסף במקום חוכמה. לדוגמה ,למרות מספר עצום של תרופות, אשר תעשיית התרופות מספקת לשוק, הרוב אינן יעילות או אין להן את האפקט המפורסם. חלקן אפילו פוגעות בבריאות שלנו. כסף מכתיב מה מדענים חוקרים, מה מלמדים המרצים באוניברסיטאות ואילו מוצרים "הבטוחים להימכר" יש לפתח בתעשייה, על חשבון המוצרים המרפאים והנחוצים באמת.

אני לא רוצה להרחיב יותר מדי בנושא, אבל כמעט כל מדעי הטבע והחברה נכפים על ידי האגו המשותף.

בעידן שלנו, חרדה ותאוות בצע הפכו את החברה לאומללה ולאלימה ביותר, שהופכת לאויב של עצמה ושל משאביה הטבעיים.

אנשים בדרך כלל חיים את חייהם כמו דרמות פרטיות, כל כך מונעים על ידי האגו שלהם, עד שבסופו של דבר האגו הופך לזהותם.

אנחנו תוצאה של הניתוק שלנו. האגו שולט ומסתיר את ההווה, מסתיר את האני האמיתי שלנו, את החלק הרוחני שלנו. מה שמונע מאיתנו להיות ערניים ומודעים לרגע הנוכחי, למודעות לעכשיו. ומכיוון שאיננו מתפתחים לקראת תודעה נטולת אגו, אנו נדחפים לעבר הרס עצמי, מכוונים על ידי המוח הקנאי, אשר ברמה אוניברסלית הגיע לממדים מסוכנים.

יש איזון בממלכת החי, הטבע והמינרלים. איזון זה נובע מכך שבכל ממלכה הם צורכים רק את אשר נדרש להתקיים. אבל הטבע האנושי הוא שונה. אנשים נוטים לצרוך הכל רק כדי לחוות הנאה, גם אם זה לא הכרחי להישרדות. התנהגות זו מפריעה לאיזון הטבעי, שנבנה שלבים-שלבים, כמו פירמידה. כאשר בני האדם יוצרים חוסר איזון, הטבע עצמו מתחיל לתקוף אותם בחזרה. הסימפטומים הראשונים מתחילים ברמת הדומם, כגון תופעות האקלים, רעידות אדמה, גלי הצונאמי וכדומה. נושאים אקולוגיים הם ביטוי של ארבעת היסודות הבסיסיים: אש, אוויר, אדמה ומים. האלמנט החמישי הוא האנושות.

# מה אנחנו מחפשים?

משימתנו היא לסגור את הפער בין הטבע האגואיסטי שלנו (לקבל, לצרוך ולצבור לעצמנו) לבין האופי המשפיע (לתת, לתרום, לשתף ולהעניק), אשר ייתן לנו את היכולת להרגיש ולפעול בהרמוניה ובתקשורת עם הבורא. המטרה היא להגיע לאיזון בין נתינה וקבלה.

הרצון העמוק ביותר והאינטרס העיקרי שלנו  הוא להגיע לרמת ההשפעה. עם ההשפעה על הסביבה שלנו, אנחנו יכולים לשנות את מסלול ההתנגשות, בו נמצאת כיום האנושות, תוך שימוש משכיל במשאבים שבידינו להשגת צדק חברתי אמיתי ושלום אמיתי.

ברגע שהאנושות תשיג את התיקון הרוחני הבסיסי שלה, נוכל, ללא חשש מאובדן, ליהנות מכל התענוגות של העולם הרוחני וגם מהתענוגות החושיים והארציים. אם כי הם לכשעצמם לא המטרה שלנו, אלא רק חלק מהמטרה הרוחנית שלנו.

מה שאנחנו רוצים, מה שאנחנו מחפשים, הוא להיות מחוברים, כדי שהכל ייצא בדיוק כמו שביקשנו, שהכל יעבוד כמו שעון שוויצרי, להיות מרוצים ממה שיש לנו, למרות שלפעמים היינו רוצים יותר כסף ושכל מה שאנחנו עושים ייעשה לטובתנו, אבל גם לטובת האחרים.

עזרה ושיתוף של חוכמה והבנה של הרוחניות שלנו עם אחרים היא כמו נטיעת זרעים אלוקיים במוחם של אנשים ולבבותיהם.

הזמן להישגים רוחניים הוא עכשיו.

# המאבק היומיומי

המאבק היומיומי שלנו הוא למצוא דרך לחיות מאושרים ושבעי רצון מכל יום ומכל רגע של חיינו, עם כל מה שיש לנו, וכל מה שחסר לנו.

זה לא אומר שאנחנו צריכים לקבל מצבים שגורמים כאב, סבל, או כל בעיה אחרת כפי שהם ולא לעשות שום דבר כדי לשנות אותם.

ראשית, אנחנו צריכים לנסות להבין מה גרם לבעיה להתממש בנו. הבעיה שלנו היא שאנחנו לא מבינים את הסיבה לדברים.

למה החלקתי ושפשפתי את הברך? למה הברך השמאלית שלי?

תארו לעצמכם אם נוכל להבין את הסיבות השמימיות למה הדברים קורים לנו. רק ההבנה של מה שקרה לנו תהיה מספיק טובה. להתמודד מול בעיה ולהבין את הסיבה לבעיה, זה כמו ריפוי של שבר, סגירת פער או תשלום חוב. עם הבנה זו, אנו נמצאים על דרך ישירה לשיפור, הן של בעיות פיזיות או חומריות והן של המיקום הרוחני שלנו.

קבלת המצב באופן מודע, הבנתו באמצעות התבונה שלנו, ומיקוד בהווה, מיד מובילים אותנו לקבלה של המצב בחיוביות, וכך, לכל הפחות, ניתן להשיג שלווה מסוימת.

זה לא בא כדי להכחיש את העובדה שכאשר אנו פועלים זה עשוי ליצור מצב חדש.

אנחנו סובלים מפער רוחני, וכתוצאה מכך חווייתנו האמיתית מוסתרת מאיתנו. אנחנו צריכים למצוא את האני האמיתי שלנו, אותו האני שאנחנו

27

צריכים להיות כדי להתחבר אל עצמותו של הבורא, אל הנשמה האלוקית שבתוכנו, שאת מהותה נסביר בפרק הבא.

עלינו להמשיך במאבק היומיומי שלנו בשלווה וברוגע, בין אם אנחנו עובדים, נמצאים עם בני משפחה וחברים, לומדים או מלמדים, בכל מצב, צפוי או בלתי צפוי, על ידי בחירה או חובה, חולים או באמצע קרב. אין דברים שליליים. כל מה שקורה לנו קורה מסיבה, והסיבה היא תמיד חיובית ותמיד לטובתנו. לא משנה אם אנחנו חווים את זה בצורה חיובית או כסבל וכאב. הכל חיובי.

ראוי להוסיף כאן כי אופטימיות סבירה היא תכונה טובה ומאוד שימושית בחיים.

הדבר החשוב הוא לענות על השאלה האם ניסינו מספיק חזק והאם נלחמנו על רוחניות בחיינו. האם באמת רצינו בכך? מי שחי רוחניות יודע שהחיים לא נגמרים עם המוות.

המוות הוא סוף האשליה הנוכחית, סוף הגוף. הנשמה לעולם לא מתה.

נסביר בהמשך ובפירוט מלא את התהליך של השגת רוגע ואיך להפוך לשביעי רצון עם מה שיש לנו ומה מגיע לכיווננו.

## מציאות רוחנית

בני האדם הם היצירה הגבוהה ביותר בכדור הארץ. אנו שונים מבעלי חיים ביכולתנו לדבר ולהבחין זה בזה. המטרה של יצירת האדם הייתה

לחשוף את "הדימוי האלוקי" בתוכנו. אבל "הדימוי האלוקי" הזה, שאנו מכנים אותו בדרך כלל נשמה, רק הגיוני במגע עם אחרים.

המציאות הרוחנית מתגלה רק באמצעות קשר בין שני בני אדם או יותר, בתנאים הדדיים. אדם אחד אינו יכול להשיג רוחניות עבור עצמו, ללא קשר לאדם אחר. לעומת זאת, שני אנשים או יותר יכולים לחיות את המציאות הרוחנית שהיא אהבה, צדקה, תקווה, תשוקה, אומץ, יושרה, הכרת תודה, צדק, ידידות, חמלה, סבלנות, סובלנות, רחמים, שמחה, אחריות, הרמוניה וכו'. בקיצור, מעשים של חסד למען וביחד עם האחר.

יישום רוחניות אמיתית יוביל אותנו במהירות למסקנה שמתן שירות למען אנשים וחיבור עם אחרים על מנת לעזור להם הוא האושר האמיתי, שגורם לנו להרגיש שלמים ומרוצים. למה לא להושיט יד לאחרים? העולם תמך, האכיל, ולימד אותנו הכל, אם אנחנו ראויים לכך או לא. אנחנו יכולים להתחיל על ידי פשוט לעזור למישהו נזקק, ללמד אחרים מיומנות חדשה, או תוך שיתוף מילה כנה ונחמדה עם עובר אורח.

לכל מערכת יחסים בין-אישית בין שני אנשים או יותר יש את הפוטנציאל להתפתח ליחסים רוחניים מועילים לשני הצדדים - תועלת הדדית הן עבור הנותן והן עבור המקבל — מה שמביא שלום ורווחה לכל מצב, חיובי ומבשר טובות או מזיק, שבו אנו מוצאים את עצמנו.

# דנ"א רוחני

המידע הגנטי האנושי נישא על ידי הדנ"א, הקיצור של חומצה דאוקסיריבונוקלאית. הדנ"א אחראי על העברת המידע התורשתי.

באופן דומה, אנו אומרים שלכל אדם יש דנ"א רוחני.

הדנ"א הרוחני הינו המוביל של המידע הגנטי הרוחני של כל אדם. כמו כן, הדנ"א הרוחני אחראי על ההולכה וההתעלות של המידע הגנטי הרוחני הזה.

המערכת הרוחנית של כל אדם מופעלת על ידי הדנ"א הרוחני שלו. הדנ"א הרוחני הוא מה שמנחה את קיומו של האדם.

משמעות הדבר היא שהמטרה הרוחנית שלנו כבר נמצאת בתוכנו, היא "רשומה" בתוך הישות הרוחנית שלנו.

אם נבין ונכיר בדנ"א הרוחני שלנו, הוא יכוון אותנו לחיים של רוגע, הגשמה, עושר, שגשוג, שמחה ושלווה נפשית.

הדבר הראשון שאנחנו צריכים לעשות הוא להכיר בכך שהמימד הרוחני בתוכנו הינו מושלם. למימד הרוחני יש פוטנציאל להפוך אותנו ליצורים בעלי השפעה, בדומה לדימוי האלוקי שקיבלנו. כל זה למרות שאנחנו יצורי בשר ודם בעלי מוגבלויות. הדנ"א הרוחני שלנו מגיע עם קודים חרוטים של תכונות הבורא.

# ניהול הפרויקט הרוחני

כפי שציינו קודם, פרויקט רוחני יכול להתפתח רק בין שני אנשים או יותר. הביטוי המינימלי של פרויקט רוחני כולל שני אנשים: אחד שנותן או משפיע, והשני שמקבל. כאשר אני מתאחד עם אדם אחד או יותר, אנחנו בונים בסיס רוחני משותף והממדים של הפרויקטים הרוחניים של כל האנשים המשתתפים וגם היתרונות הרוחניים שלהם גדלים באופן מעריכי.

קבוצה, צוות, עמותה או קהילה וכו' של אנשים הוא המדיום החברתי שבו אנו יכולים לפתח את עצמנו. קיום הקבוצה מהווה יסוד לצמיחה רוחנית.

רק הצורך המשותף במציאת עולם רוחני מספיק עבור קהילה של אנשים מחוברים. פרויקט רוחני משותף מעניק לנו נקודת אחדות או חיבור בין כל המשתתפים בפרויקט. הצטרפותם בדרך זו אינה מפריעה לנקודות אחדות אחרות בפרויקטים שונים. זה לא איחוד שמחייב לעמוד בתנאים של איחוד אחר.

יצירת קבוצה או קבוצות סביב פרויקט רוחני, לא משנה איזה, פירושו בניית צוות אשר יצליח בכל פרויקט שהוא לוקח על עצמו. בנוסף לתוצאות החיוביות שהצוות ישיג, הרוחניות של כל אדם תגדל ותתחזק.

היחסים הרוחניים בין קבוצות שונות מהווים יסוד ליצירת רשתות חברתיות המכוונות למטרות רוחניות, ובכך להשפעה על החברה כולה. כמה טוב יהיה להשפיע ישירות ובאופן מיידי בחברה. תארו לעצמכם את

ההרגשה של שלווה פנימית ותהילה שייווצרו מתוך חיים בהרמוניה מלאה עם בני אדם ועם הסביבה.

אבל אנחנו לא יכולים לשכוח כי בני האדם הם תוצר של הסביבה החברתית שבה הם חולקים תהפוכות עם אנשים הסובבים אותם. אנחנו "כלואים" על ידי החברה בה אנו חיים. לא משנה איזו חברה או קבוצה, טובה או רעה, אנחנו תחת השפעתה בכל עת. קשה מאוד להימלט מהכלא הזה, המילוט אפשרי רק באופן חלקי ובמאמץ רב. השפעתה מקיפה אותנו פיזית, חברתית, תרבותית, שכלית ורגשית. אנחנו קורבנות של הפלישה התרבותית 24 שעות ביממה (למעט יהודים שומרי השבת, יום המנוחה, הסובלים רק שישה ימים), הפלישה מגבילה את חיי היומיום שלנו באמצעות טלוויזיה, אינטרנט, רדיו, עיתונים, טלפונים סלולריים וכו'.

ברור שאם אנחנו מושפעים מקבוצת אנשים הנשלטת רק על ידי הטבע הצרכני הבסיסי שלה, בין אם מדובר בקבוצה קטנה או בחברה כולה, נמשיך לחיות  במציאות נוראה ובגלות.

מכל זה אנו יכולים להבין עד כמה חשוב לכלול צוות רוחני בחברה בה אנו חיים. ככל שהצוות יהיה טוב יותר, כך תהיה תועלתנו גדולה יותר, שכן נהיה תוצאה של משהו גבוה יותר. קהילה עם פרויקטים רוחניים לא תרגיש כמו בית סוהר, אלא כמו חיים, כחלק מהרכב שבו אנו מתואמים בחיי היומיום שלנו עם שביעות רצון ושלווה.

בהמשך נדון בפירוט בהרכב, בתנאים ובנושאים אחרים הקשורים לצוותים רוחניים.

כדי להתחיל בקידום רוחני עלינו ליצור סביבה מתאימה המעודדת אותנו
ומספקת לנו את היסודות החיוניים והבסיסיים שיאפשרו לנו לחשוף את
המציאות הרוחנית. הסביבה המועילה הזאת היא צוות רוחני של אנשים
בעלי אותו אופק הנמצאים בהרמוניה אחד עם השני.

# פרק 2. הבורא

אף שמטרת הספר אינה להטביע את הקורא בידע הקבליסטי ועל האופן בו פועלת המערכת הרוחנית, עדיין יש צורך להגדיר ולחדד מונחים בסיסיים מסוימים הקשורים להרכב הנשמה על פי הקבלה, אשר ייעזרו לנו מאוחר יותר בניתוח והבנת המערכת הרוחנית המוסברת בפרקים הבאים.

כפי שהזכרנו בפתח דבר, אנחנו משתמשים במילים עבריות מקוריות להגדרות (כך השתמש בעל הסולם), ליתרון הקורא בעברית. המילים המשמשות בהגדרות הן רק תוויות של מושגים בסיסיים ולכן אסור לנו להיות מושפעים משמעותיהן בשפה שלנו, אלא להתמקד במושג שמאחוריהן.

כפי שאמרנו, נטיותיו הטבעיות של האדם הן לקבל, להשתוקק, ליהנות, להזדקק ולצרוך. והן מנוגדות לחלוטין לאלה של הבורא: לתת, להשפיע ולהעניק.

תכונותיו של הבורא, העצמות שלו, חבויות בתוכנו. המטרה שלנו חייבת להיות מציאת החלק האלוקי שלנו ולהדמות יותר לתכונות הבורא, וכך אנחנו נתגבר על הטבע הצרכני שלנו.

כתוב כי "אין אחר מלבדו (הבורא). הוא האחד, הייחודי

והבלתי משתנה". פירוש הדבר הוא שאין כוח אחר בעולם המסוגל לפעול נגדו. בתנ"ך כתוב, "*וַיִּבְרָא אֱלֹקִים אֶת הָאָדָם בְּצַלְמוֹ*" (בראשית א כ"ז).

על כן, מן הראוי לשאול: היות שהבורא הוא האחד והיחיד, ואין דבר שקיים מחוץ לו, מדוע כל אדם נבדל ושונה מאחרים מבחינה רוחנית? התשובה היא, כי הרוחניות הגיונית רק כאשר אנו שוהים ביחסי גומלין עם אדם אחר או קבוצה של אנשים. לכל אחד יש תכונות רוחניות מסוימות הבולטות יותר מאחרות. כאשר אני מתחבר אל מישהו, הדנ"א הרוחני שלו משפיע עלי, בתורו, הדנ"א הרוחני שלי משפיע עליו. התוצאה היא "חילופי" המאפיינים הרוחניים השולטים של כל אחד, כאשר החיבור בין הדנ"א הרוחני של החלקים השולטים של כל אדם, גורם לתועלת הדדית. דוגמה ראשונה: אם אדם תורם כסף למשפחה נזקקת, גם המעניק וגם המקבל מרוצים ואסירי תודה על השתתפותו, אחד על ידי הקבלה – ובכך, סיפוק הצרכים - והשני על ידי מתן עזרה. דוגמה שנייה: מחבר הספר רוצה להשפיע. הקוראים מושפעים ובתורם, ישפיעו על המחבר. כך פועלת מערכת יחסים רוחנית. כל אדם מבטא את הבורא בדרכו שלו. הבורא זוהר בכל אחד בדרך אחרת.

לכן אנו יכולים להצהיר, כי מצב מושלם של שלום ושלווה אמיתיים בין אנשים ניתן לתאר כמגוון של מאפיינים רוחניים המבוססים על תנאי גומלין בהשפעה הדדית אשר מרוממים ומתגברים על כל ההבדלים.

## תהליך הבריאה: החומר והבלתי מוחשי

זה בלתי אפשרי עבורנו לדעת את כל הפרטים של הבורא. אנחנו מסוגלים לראות רק את יצירותיו ומעשיו.

הבורא יצר שני תחומים: הרוחני והחומרי. בתנ"ך נאמר כי הבורא הגה את השמיים (החלק הרוחני, הבלתי מוחשי) ואת הארץ (החלק החומרי).

הכל סביבנו, כל אשר אנו רואים, שומעים, מרגישים, מריחים ונוגעים בו הינו בעל ייצוג מקביל בעולם הרוחני.

ולא רק זה, כל דבר התחיל כמשהו רוחני ואחר כך פיזי. לכל מה שקורה לנו בעולם הזה, לכל צו שנכנס לתוקף לסדר עולמי בכל רמה שמשפיעה על חיינו, יש ביטוי רוחני שמקדים אתו.

כאשר אנו אומרים שקיים עולם רוחני המקביל לזה, אין אנו יכולים לומר עד כמה דומה העולם הפיזי שאנו תופסים לצורה הרוחנית המופשטת, וגם לא איך החלק הרוחני משפיע על החלק הפיזי.

אין אנו יכולים לדעת למה הבורא הגה את הבריאה. אבל אנו כן יכולים להבין כי מטרת הבריאה היא לתת לאנשים את האפשרות לחוות הנאה, לתת להם את היכולת לחוות את תחושת הרווחה שמגיעה עם סיפוק רצון; כלומר, לקבל את האור הרוחני (כהגדרתו מאוחר יותר).

ניתן לחלק את הבריאה לארבע רמות של מציאות:

א) יסודות פיזיים בסיסיים וחומרים ראשוניים;

ב) צורה אמיתית של חפצים שנוצרו על בסיס חומרים פיזיים; ג) צורה מופשטת של אובייקטים חומריים, ההיבט הרוחני של הדברים (זהו הנושא של *הזוהר*);

ד) העצמות של הבורא, אשר מוטבעת בדנ"א הרוחני שלנו, שבינתיים נסתרת, אינה גלויה לעין.

הבורא יצר את שני החלקים, הן את החלק הרוחני, הנקרא האור הרוחני (סְפַק) והן את ההיבט החומרי הנקרא הכלי (קולטן האור, כפי שיוסבר בהמשך). שני החלקים הללו חיוניים לבריאה. כאשר האור משפיע על מישהו, הוא מגיע ישירות לכל הווייתו (גוף, שכל ורגשות), הנקראים כלי - הגוף המקבל. האור הרוחני אינו מוחשי, ולא ניתן לראותו, אך תכונותיו משתקפות בכלי.

כדי להבין טוב יותר את תהליך הבריאה, נוסיף כמה עובדות, אם כי בלי להיכנס לפרטים רבים מדי, היות שהן חשובות.

אנחנו מכנים את הצעד הראשון שמקדים את הבריאה – "האינסוף". באינסוף האור והכלי מתאחדים, ולמרות השוני הקיצוני בין האור והכלי, הם מתמזגים יחד, ללא כל הבדלה ביניהם .האור והכלי לא יכולים להתקיים אחד בלי השני.

האור נוצר בתור משהו ש"נברא ממשהו שכבר היה קיים"
(יש מיש), ואילו הכלי – בתור משהו ש"נוצר מתוך כלום" (ex-nihilo, יש מאין).

מתוך האינסוף, הבורא "הגה" את הבריאה כאשר הכלי החליט להיפרד מהאור, ההפוך ממנו.

מאז ההפרדה בבריאה בין אור לכלי, תפקידו של האור הרוחני הוא "להתפרס", להאיר או "להלביש" את הכלי, יחד עם זאת ללא הכלי, אין דרך לקלוט את האור.

במצב הזה, תהליך הבריאה מתבטא כאשר האור מתחיל להגיע לחלקים של הכלי, אבל לא לכולו. זאת בגלל שקיימים "מכשולים" - דינים, שאינם מאפשרים באותו הרגע לכלי ליהנות ולקבל לתוכו את האור בשלמותו.

אך הכלי אינו מסוגל להתקיים אך ורק על בסיס הדינים, החוקים והגזרות, על בסיס הדינים בלבד הכלי נשבר ולא מסוגל להכיל או להחזיק את האור. לא היינו יכולים לחיות בעולם של דינים וגזרות בלבד.

לשם הבריאה, וכדי שהכלי יהיה מסוגל לקבל את האור בכל חלקיו בלי להישבר, הכלי נושא ויוצר בתוכו יסודות של חסד, חמלה ורחמים. החסד, החמלה והרחמים מסוגלים לנטרל את הדינים החלים על הכלי ולהמתיק את הדינים. באופן הזה הדינים מתרככים, מה שמאפשר לאור להגיע לכל הכלי מבלי לשבור אותו.

התפקיד שלנו בבריאה מתחיל כאשר החמלה והרחמים מתווספים לדינים הקיימים. כאן מתחילה העבודה על תיקון ושיפור הנשמה שלנו.

זהו מצבו הנוכחי של הכלי עבור כל אדם בעולם. אנשים מסוגלים לחיות רק לנוכח המיזוג של החמלה לדינים. הרי ללא חמלה, אין חיים.

חלק ממטרת ספר זה היא להצליח להבין את יחסי הגומלין בין אור לכלי.

אנחנו נגדיר את המושגים האלה בהמשך.

# אור רוחני

אור רוחני הוא כוח בלתי מוחשי או אנרגיה שממלאה את האדם, יוצרת מצב חדש של תודעה ומגבירה את רמת ההשפעה שלו על אנשים.

מאפיינים חדשים אלה מוסיפים לבן אדם הארת חוכמה, ידע, בינה, בגרות, התבוננות פנימית, וצלילות רבה יותר בכל התחומים הנכללים במצב חדש זה של הארה בחיי היומיום.

האור הרוחני נוכח בכל עת והוא הכוח היחיד ביקום בו אנו קיימים.

כאשר האור זוהר בתוך כלי, זה נקרא "נשמה". הנשמה מתחלקת לחמישה חלקים או רמות לפי איכות העוצמה הרוחנית שלה, כפי שיוסבר בהמשך.

הבורא הוא מוחלט, אין דרך לשנות אותו או להשפיע עליו. רק האדם עצמו יכול להשתנות.

האור הרוחני משפיע עלינו בכל עת. האור הוא אינסופי והינו בעל כוח בלתי מוגבל. בני האדם אינם בנויים כדי להיות מסוגלים לקבל את האור ישירות ובגלל זה אפשר להגיד שחלק מן האור מיורט, נחסם. אנו יכולים לומר כי הוא "מסונן" על ידי דרגות ועולמות הנמצאים בינינו ובין האור שנועדו לאפשר לאור להיכנס ולהתפשט באופן בררני, על פי היכולת שלנו להגיב לבורא באותה עוצמה, ובכך לשמור על איזון.

יש הבדל בסיסי בין הדת המסורתית לבין הקבלה. אדם העוסק בדת מבקש מן הבורא להתערב ולשנות את הנסיבות בהתאם לרצון האדם לשפר את המציאות הנוכחית. תורת הקבלה מראה לנו שאנחנו היחידים

שיכולים לשנות את המציאות שלנו. האנשים המודעים לטבעם ולמצבם כמקבלים, צריכים לשנות את עצמם לנותנים לאחרים, למשפיעים ומעניקים לאחרים, כמו הבורא. בהתחשב בכך, ונכון לעכשיו, אנו מתקשים לגלות את כל הרוחניות בתוכנו, ואומרים שהחלק האלוקי בנו הוא "בגלות".

כפי שהזכרנו קודם, המטרה שלשמה נבראה האנושות היא לחשוף את "הדימוי האלוקי" שבנו, את התגלות הבורא, שמהותה נמצאת בדנ"א הרוחני שלנו. הכל מתבטא באמצעות הבורא, שום דבר לא קיים מחוץ לו.

## כוחות רוחניים נסתרים

כאשר לחוכמה, או לאור הנמצא בתוכנו אין ייצוג גשמי, במילים אחרות, כשאין לו "לבוש" ולא ניתן למדוד אותו, אנחנו אומרים שהאור מוסתר.

אנחנו יכולים להבין את הבורא רק באמצעות הדמיון שלנו לעצמותו. העצמות של הבורא מתגלה בתוכנו בכל פעם שאנו מבצעים התקדמות רוחנית. כך הבורא נעשה גלוי יותר ויותר בנו.

האור זקוק לחומר כדי לבוא לידי ביטוי. כמו חשמל שמתבטא באמצעות כבל או קבל, האור מתבטא באמצעות הכלי. וכמו החשמל, ניתן למדוד אותו רק כאשר הוא פוגש כוח מנוגד או התנגדות.

האור הרוחני מחולק לחמישה חלקים או רמות, אשר נסביר בהמשך.

האור יכול להיות גלוי וברור לאדם, כמו שזה בטבע, אבל יכול להיות גם מוסתר. משמעות הדבר היא, כי האור אינו מיוצג או "לובש" צורה חומרית כלשהי ולכן לא ניתן למדוד אותו.

אור נסתר מופיע בשתי דרכים: הסתרה פשוטה והסתרה כפולה.

## הסתרה פשוטה

הסתרה פשוטה מתרחשת כאשר אנו מודעים לכך שכרגע אין לנו את הכלים הנכונים או את התכונות הנכונות והמעודנות, כדי לגלות את הבורא. אנחנו לא מנותקים, אבל מנוגדים לבורא. הפתרון הוא לבטל את האגו שלנו כדי לאפשר לגן האלוקי שקיים בנו לזהור.

אנו אומרים כי הסתרה פשוטה היא לראות את גבו של הבורא, כי אנחנו קרובים אליו מאוד (אם כי נמצאים מאחוריו) ואפשר לראות שמשהו קרה לנו או משהו לא עובד, למשל, כשאנחנו לא מאושרים או כאשר שום דבר לא יוצא כפי שהיינו מקווים. אבל אנחנו לא סובלים, אנחנו מסוגלים לנהל את אי-שביעות הרצון שלנו על ידי הבנה, כי זה מה שהבורא "גזר" עלינו נכון לעכשיו וכי אין לפרש אותו כעונש, אלא לשים אותו בהקשר, מבלי להגדיל, אבל בלי לשכוח אותו. לא איבדנו את האמונה.

## הסתרה כפולה

הסתרה כפולה מתרחשת כאשר אנחנו אפילו לא מבחינים בנוכחות הבורא בקרבתנו ואיננו מודעים כלל לכל קשר אליו, עד כדי כך שאנחנו אפילו לא מרגישים שאנחנו מתנגדים לו. אנחנו לא יכולים להרגיש שטמון בתוכנו משהו מן הבורא. אנחנו מרגישים שהוא נטש אותנו. אנו מקבלים

את הסבל שלנו (או את ההנאה שלנו) כחלק מגורלנו, אנחנו נטולי אמונה. הסתרה כפולה נקראת גם הסתרה בתוך הנסתר.

אנשים אחרים, השונים מאתנו, אנשים שמצליחים, שנמצאים במצב בריאותי טוב, שנראים בטוחים בעצמם, שאינם מעוניינים או מודעים למערכת הרוחנית בחייהם בכלל, הם דוגמה להסתרה כפולה. יש כאלה שהפכו עשירים מאוד בדרכים תפלות וחושבים שאנחנו, השואפים להידמות לבורא, עניים, חולים, מטומטמים או לא מפותחים.

## כלי (הגוף המקבל, קולטן רוחני)

המילה "כלי", כמשמעותה בעברית הינה כלי שמקבל לתוכו, מאין קולטן רוחני – זהו הרצון בתוכי המוכן לתיקון, כלומר, מוכן לקבל את האור הרוחני.

הכלי של האדם הינו הקולטן הרוחני שלו או מקום אחסון האור הרוחני.

כפי שאמרנו, האינסוף הינו מצב לפני הבריאה, שבו הבורא מאחד את האור ואת הכלי במצב של איחוד מושלם למרות הטבע המנוגד שלהם. כאשר הם מאוחדים וממוזגים, הכלי תופס שכוח ההשפעה האינסופית שהוא בזמנו נהנה ממנו, נובע כולו מהעובדה של איחוד עם האור, ולא נובע מעצמו או מיתרונותיו.

ואז הכלי מחליט שהוא לא רוצה להשפיע ככה. הכלי לא רצה להמשיך ולקבל את האור בחינם כפי שהיה באינסוף, ללא מאמץ או זיעה. הכלי

מתחיל להתפתח ולחוות בושה, תחושה של אובדן כבוד שנגרמה על ידי קבלת האור ללא מאמץ, ללא עבודה, כלומר בלי להרוויח אותו.

ואז האור והכלי מופרדים. הכלי עוזב את האור. עכשיו כשהם נפרדים, זה תלוי בנו, האנשים, למלא את הכלי שוב באור הרוחני, אבל הפעם בצורה ראויה, ללא בושה.

אז המשימה שלנו היא ללטש את הכלי שלנו. הוא אינו מושלם, ולכן עלינו לתקן ולזקק אותו על מנת להשיג את האור הרוחני המרבי האפשרי.

הכלי מחולק לפי "העובי" או "רמת העידון" שלו, ובחלקים אלה הוא יקבל את חמשת הרמות או העוצמות של האור הרוחני המתאימות לרמת העידון או העובי של הכלי.

רמות העוצמה של האור הרוחני ממוקמות בתוך הכלי בעשר תכונות שונות הנקראות ספירות, על פי העובי של הכלי, מה שיוסבר בהמשך. אנו יכולים לומר כי האור "לובש" את הכלי ב"בגדים" שונים.

ככל שכלי גדול יותר, כך יותר אור רוחני יכול להיכנס ובכך להגביר את כוחו של האדם ואת השפעתו, כי אז הנשמה שלו קרובה יותר לבורא ודומה לו יותר.

כאשר האור הרוחני נכנס לכלי, האדם חווה "עלייה" או "התרוממות", כלומר, הכלי של האדם מתרחב ויש יותר מקום לאור רוחני להיכנס.

אנחנו יכולים גם לדבר על כלי של קבוצת אנשים. כאשר אנשים עובדים יחד בקבוצה על כל סוג של פרויקט רוחני: לימודים, תפילה, מדיטציה,

עבודה ללא כוונת רווח או פעולת צדקה, הכלי של כל אדם מתווסף לכל שאר הכלים ונוצר כלי קבוצתי. כאשר קיימת ערבות הדדית (מושג שיוסבר בהמשך) בין חברי הקבוצה, בין אם נוכחים בפועל ובין אם לאו, לקבוצה זו קיים כלי קבוצתי. אין גבול למספר אנשים שיכולים להצטרף לכלי קבוצתי, המספר יכול להגיע למיליונים. קבוצת האנשים יכולה אפילו להיות וירטואלית (תקשורת בטלפון, אפליקציות, אינטרנט או כל רשת אחרת).

אנחנו יכולים גם לדבר על כלי כלל עולמי, שהוא כלי של כל האנשים על כדור הארץ. אבל, לעת עתה, למרבה הצער, אנחנו עדיין בגלות רוחנית. להיות בגלות רוחנית זה סימן לכך שאין לנו את היכולת למלא את הכלי העולמי.

## ישראל (ישר-אל: ישירות אל הבורא)

לאדם שעובד למען חיים רוחניים קוראים "ישראל".

בעברית, המילה "ישראל" מורכבת משני חלקים: "ישר אל", שפירושו, לכוון את עצמך "ישירות לבורא". כיום קיים פער עצום בין רוב האנושות והברוא.

בגימטרייה (מדע שבו לכל אות ומילה יש ערך מספרי ומשמעות), המילים "הטבע" ו"אלוקים" הן בעלות אותו ערך מספרי. כמו כן, המילה "בורא" מורכבת משתי מילים: "בו" – כלומר "לבוא" ו-"רא" – כלומר ראה,

תסתכל. במילים אחרות, "בוא ותראה". הגעתי, ולכן מצאתי. המטרה היא להשיג השוואת הצורה עם עצמות הבורא.

כאשר האור הרוחני מגיע למה שמסתתר זה "מאיר" אותנו. מה שהיה מוסתר הופך להיות נגלה לעין. אנחנו יכולים לראות אותו, למדוד אותו ולכמת אותו.

כפי שציינו, אנו קוראים לאדם "ישראל" כאשר הוא נמצא בקו ישיר המצביע "ישירות לבורא", כפי שבא לידי ביטוי בדרך החיים שלו וביחסים הרוחניים שלו עם אחרים.

כל אדם נמצא בנקודה רוחנית נתונה או מקום רוחני. המטרה הרוחנית היא להגיע לנקודה או למיקום, בו נוכל למצוא את הבורא, מקור האור הרוחני.

## זמן אינו קיים

לכמה זמן זקוקה האנושות כדי לצאת מהגלות ולהגיע למצב של אור גלוי ומתמיד?

הקבלה מסבירה שהמונח "זמן" אינו קיים ברוחניות. כאן ננסה להסביר את המושג המופשט הזה.

אנו מתייחסים ל"מרחק" בין הנקודה בה אנו נמצאים כיום בהתפתחות הרוחנית שלנו לבין הנקודה שבה נמצא הבורא כ-"זמן".

נוכל לדמיין זאת בצורה גיאומטרית (ראה תרשים 1 בהמשך). נתיב אנכי מרכזי ישר (גליל): הבורא. כל אדם המתקדם ישירות לבורא נקרא "ישראל" (כל אדם מסומן בתרשים כ- il1, il2, עד il7). אנו יכולים

לזהות בתור "מרחק" (המסומן d1, d2, עד d7) את החלל שבין המקום שבו אנו נמצאים מבחינה רוחנית ולבין המקום בו אנחנו צריכים להיות – הבורא. בסופו של דבר, בסוף התיקון הרוחני שלנו, אנו מצטרפים לקו המרכזי. משמעות הדבר היא שהגענו לאותה הרמה הרוחנית שיש בעצמות הבורא, סוף תיקון נשמתנו, שבו יש איזון או השוואת הצורה, מושג שיוסבר בהמשך.

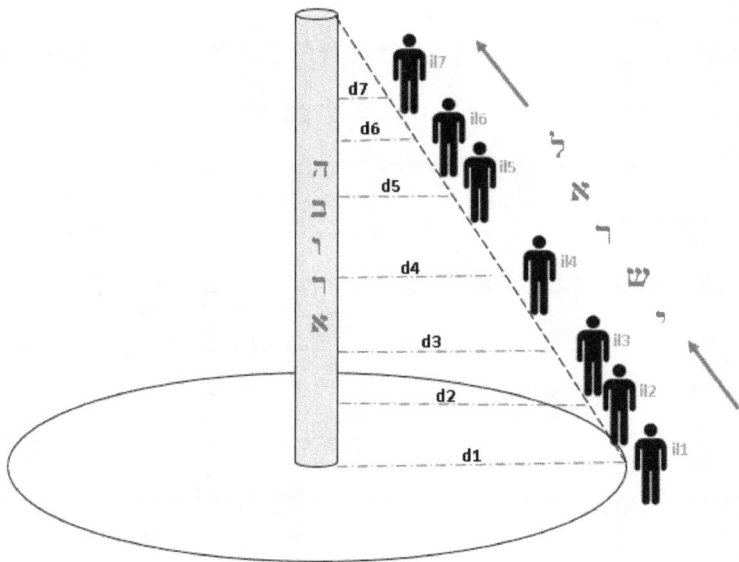

זמן אינו קיים

תרשים 1

לכן, אמרים שהזמן אינו קיים. הזמן ברוחניות הוא אשליה, אנחנו יכולים להשיג את מאפייני ההשפעה של הבורא בכל עת, ומיד להצטרף לקו אנכי. זה שאנחנו עדיין לא מוכנים להשפיע באופן פתוח וללא הרף על הסובבים אותנו יוצר את הרושם של "זמן". זה "הזמן" שנותר לנו לפעול ולהגיע למלוא כוח ההשפעה שלנו כמו הבורא. אבל כפי שכבר הזכרנו, לא הזמן ולא המרחב קיימים, אנחנו יכולים להגיע לאיזון הכוחות הרוחניים בכל עת.

נקודת ההתלכדות היא הנקודה, שבה כל הדואליות מתחברת יחד והופכת להיות ישות אחת ויחידה בעלת עוצמה. לדוגמה, אושר ואומללות הם למעשה אחד, בסופו של דבר הם יתלכדו לנקודה אחת. אנו רואים רק אשליה של זמן שמפרידה בינינו, כלומר, "הזמן" שלוקח לנו מלעבור ממצב של חוסר שביעות רצוננו למצב, בו אנחנו מרוצים, או "המרחק" שמפריד בין אומללות לאושר.

## שבת

*שבת* הוא היום השביעי של הבריאה, היום השביעי בשבוע ביהדות.

השבת אינה נדרשת על מנת שמודל המערכת הרוחנית שמתוארת בספר זה תעבוד. אבל עבור הקוראים היהודים, שמירה על *שבת* היא אחת הדרכים היעילות ביותר להתקדם מבחינה רוחנית.

ישנן דרכים רבות להתקדם באופן רוחני. בספר זה אנו מתארים מודל אחד של מערכת רוחנית רלוונטית לכל אחד, ללא קשר לדת, לאמונה, גזע, צבע או מין.

נושא השבת יכול למלא מספר ספרים, לכן נזכיר רק בקצרה את המשמעות הרוחנית, ולא הדתית, של היום הזה, יום של אנרגיה רוחנית שופעת.

המילה "שבת" פירושה "עצירה", "להפסיק לעשות", "לשבות" ולפעמים היא מתורגמת כ"מנוחה" בשל התנאים שיהודים חייבים לקיים כדי לקבל את האנרגיות הרוחניות הקיימות ביום הזה.

שמירת שבת תביא תוצאות רוחניות חיוביות במהלך השבוע, שמתחיל ביום ראשון ומסתיים שישה ימים לאחר מכן, בשבת הבאה. תוצאות רוחניות אלה יתבטאו בכל המשימות היומיומיות שלנו, מה שאומר התקדמות רוחנית לאדם, הניכרת בכל התחומים.

בששת ימי הבריאה הראשונים הגה הבורא את הצורות הרוחניות מתוך שום דבר (יש מאין או בלטינית: ex-nihilo) – שהוא הכלי - וביום השביעי, הבורא המשיך ליצור דברים רוחניים חדשים מתוך דברים רוחניים שכבר היו קיימים - האור - שלובש את הכלי.

כל יום בשבוע מכיל את הכוח הרוחני שבאמצעותו אנו יכולים להתחבר אל האור. אבל השבת, ליהודים, היא היום היחיד שבו האור הרוחני קיים בצורה הרבה יותר שופעת, איכותית יותר ומעודנת יותר, בהשוואה לשאר ששת הימים הראשונים של השבוע.

ביום מיוחד זה, השפע של האור הינו בר השגה רק עבור אדם שומר שבת, כלומר האדם המגביל את עצמו מלעשות את הרוב המכריע של המטלות והשגרה היומיומית שלו. כל אלה נמנעים כמעט לחלוטין, במטרה להגיע לתנאים המינימליים בשביל לאפשר לנו להיות קולטנים של האור הרוחני.

ביום זה כל העבודה מופסקת, באופן התנדבותי, ל-24 שעות, יחסי עובד מעביד מושהים והשפעתם מבוטלת. זיהום הסביבה וניצול של אנשים ובעלי חיים מושעים ליום אחד, כל אדם הוא חופשי, ובתורו חייב לשחרר את כל הכפופים לו. המטרה היא ליצור סביבה פיזית של שלום טבעי ואיזון עולמי, כך שהכל ממשיך בתנופה ותנע שלו, ללא שינויים או הפרעות ברמה המינרלית (דומם), הצמחית (צומח), הבהמית (חי) או האנושית (מדבר), כך שהמצב הקיים של "שלווה פיזית", יאפשר לנו להבחין וללכוד את השפע הרוחני שנמצא ביום זה על כדור הארץ מבלי להתנגש בשום דבר או אף אחד.

כשאני מדבר עם בני הדת שלי שעדיין לא שומרים שבת, אני מסביר להם שאם התנאים האלה לא מתקיימים, הם יוצרים הפרעות בינם לבין המטען הרוחני הנוכח בשבת, מה שמפריע ומרחיק את הסביבה הרוחנית החזקה הזאת. לדוגמה: אם נניח זכוכית מגדלת בין השמש לדף נייר, לאחר ריכוז קרן האור למשך כמה רגעים, החום שנוצר על ידי האור ישרוף חור בנייר. אבל אם לא נרכז או נזיז את קרן האור, לא נוכל לחדור את הנייר. מבחינה רוחנית, השבת היא אותו דבר: אם אנו מרכזים את המאמצים והפעילויות הפיזיות שלנו לביטוי המינימלי שלהם, אנו יכולים לחדור

ולהשיג מצב של שפע רוחני פשוט על ידי כך שאנו נשארים "שמורים" מעבודה פיזית ובשלום עם הטבע. לעומת זאת, אם לא נשמור על המצב הקיים הזה של "שלווה פיזית", לא ננצל את השפע הרוחני ונבזבז את ההזדמנות להתקדם מבחינה רוחנית.

ביום זה של השבוע, אדם מנותק מן הארצי ומן הפיזי ויש לו הזדמנות להעלות את רמת הרוחניות שלו. מסיבה זו אנו נוהגים לקרוא לזה "יום המנוחה".

*השבת* היא אחד ממקורות האנרגיה הרוחנית איתה אנו מתחילים את השבוע וחיים את כולו עם עין אחת על השבת הבאה כדי לטעון את עצמנו שוב. לסיכום: חירות וסדר לאדם ולנפשו.

## תפילה ומדיטציה

תפילה ומדיטציה הם הכנה ואחת הדרכים להתקרב למציאות רוחנית. שיטות אלה הן למעשה שיטות להשגת מצב תודעה ונוכחות אמתית עם יותר בהירות, רוגע ושלווה נפשית.

כדאי להוסיף, כי יש לעסוק בשיטות אלה - הן המדיטציה והן התפילה - במטרה לשפר את יכולתו של האדם להשפיע באופן חיובי על אחרים. אם פעולות אלה משמשות רק לטובת השלום הפנימי של האדם, ללא קשר לתועלת כלשהי עבור אחרים, הן לא מסוגלות להתחבר לרוחניות כשלעצמם, זה רק עוד צד של האגו. כאשר אדם עוסק בפועל בתפילה או

מדיטציה עם אדם אחר או קבוצה של אנשים במטרה לעשות עבודה רוחנית, זה הזמן בו כוח ההשפעה ביניהם עשוי להתגלות.

ביחס לתפילה, אני אישית אוהב ותומך בזה, רצוי עם קבוצה. לדוגמה, כאשר עשרה אנשים או יותר מתפללים יחדיו, הם מייצרים כלי הרבה יותר גדול מאשר פשוט "הסכום" של כל הכלים של כל הנוכחים. כל משתתף מקבל אור רוחני בתוך הכלי הקבוצתי, אשר הרבה יותר גדול מהכלי של כל אחד מהם וכתוצאה נהנה מיתרון נקי בצמיחה הרוחנית של אותו אדם.

כאשר אנו מתפללים, אנו שרים מזמורים, אנו מבטאים דברי שבח על הבורא ועל בריאתו, אנו מחזקים את הצמיחה הרוחנית שלנו ואת הדימוי של האלוקות שבתוכנו. לשאת את אותו טקסט התפילה ביחד מאיצה את הצמיחה הרוחנית של הקבוצה.

## מעשי חסד (מצוות) ונורמות התנהגות

הדרך הישירה ביותר לחיות את המציאות הרוחנית היא לבצע מעשים טובים (מצוות) או לנהל את עצמנו כראוי, בכבוד, בהגינות ובהתחשבות באחרים בכל דבר שאנו עושים בחיי היומיום שלנו.

מצווה היא תיקון של הרצונות שלנו. לדוגמה, אם אנחנו נותנים לחם לאדם רעב, אנו משפיעים על התחדשות רוחנית, על תיקון נפש, שמייצג לבנה אחת נוספת בבניית השלום העולמי, גשר של קשר רוחני בין שני אנשים או יותר, וזה לא משנה מי הנותן ומי המקבל.

המטרה היחידה של רוחניות היא להשתתף בכל רגע ובאופן מקיף ומאוחד עם הבריאה. מעשי חסד כלפי אחרים הופכים אותנו לחלק מן הבריאה עצמה. אנחנו יכולים להשפיע על דברים, כולל על מהותם.

אם, לעומת זאת, אנחנו לא עושים מעשי חסד, אין טעם בכלל לרוחניות. אנחנו לא נהפוך לחלק מהבריאה, אלא נרד לרמת חיי תוצאות גרידא בעולם הזה, ללא כל כוח לשנות או להשפיע על מישהו או על משהו.

## התגלות

כאשר הכוח הרוחני בא אלינו, אנו חווים "עליה", ואנחנו אומרים שזו התגלות.

התגלות היא ביטוי של כוח או אור רוחני שמגיע לאדם לאחר שהיה נסתר. דרך ההתגלות, אמונתו של האדם בבורא ובעצמו מתחזקת. האדם מביא אז את הכוח הפנימי הזה מן ההתגלות לטקסטים, ללימודיו, למוריו או למדריכיו שמתקנים אותו וגם לשם הבנה טובה יותר של העולם בו אנו חיים.

הבורא מתגלה לכל הישויות שנוצרו על פי הרצונות של כל ישות. ההתגלות באה לידי ביטוי כאשר אדם מרגיש את חסד הבורא, את השלווה והסיפוק המתמיד. לדוגמה, כאשר אנו מרוויחים מספיק כסף ללא מאמץ רב מדי, כאשר אין לנו בעיות ולא סובלים כאבים, כאשר אנו מכובדים, אהובים, ומצליחים. אם מישהו רוצה משהו, הוא מבקש אותו ומיד מקבל

אותו, האור מאיר בתוכו: האדם הוא המלך. עם כל פעולה חדשה אנו הופכים למצליחים יותר ומשיגים גילויים רוחניים חיוביים יותר.

מצד שני, ככל שאנחנו יותר אנוכיים וככל שאנחנו ממעיטים בעשיית המעשים הטובים, כך ההצלחה הרוחנית שלנו תהיה יותר בסכנה. במילים אחרות, ככל שנפחית את הביטויים הרוחניים החיוביים שלנו כך יגדלו בחיינו הביטויים הרוחניים השליליים.

# פרק 3. מונחים והגדרות

להלן הגדרות של מושגים בסיסיים הדרושים להבנת המודל הרוחני
המתואר בספר זה.

## רשימו: הדנ"א הרוחני

כפי שהוסבר בפרק הקודם, האור והכלי היו ביחד באינסוף. כדי להגות את
הבריאה, האור והכלי נפרדו, וכאשר התיקון שלנו יושלם, האור יוכל
לחזור למלא את הכלי לחלוטין, הפעם בצורה ראויה, ללא בושה.

לאחר שהכלי התנתק מן האור והאור התרוקן ממנו, הדבר היחיד שנותר
בתוכו זה "החותם הגנטי הרוחני" של האור. חותם זה של האור הרוחני
נרשם על הכלי כאשר הוא היה מחובר עם האור באינסוף. חותם זה נקרא
רשימו, ואנחנו יכולים לחשוב עליו כעל הדנ"א במערכת הרוחנית של
האדם.

הדנ"א הרוחני או הרשימו מכיל ירושה של "גנים" רוחניים מן הבריאה,
בשילוב עם המסע הרוחני של הנשמה עד כה. הגנים הרוחניים האלה
מגדירים את הרצונות שלנו, הצרכים שלנו, ואת כל הטופוגרפיה הרוחנית
של הכלי שלנו, כולל החלק האלוקי שמגיע מהבורא.

כל מאפיין של אישיות שלנו נרשם בתוך הדנ"א הרוחני הנרחב שלנו, הן
המאפיינים שאנו רוכשים והן אלה שאנו יורשים.

# הרצון

המערכת הרוחנית של האדם מורכבת אך ורק מרצונות. הבורא שתל את הרצון בתוכנו. הרצון הוא החומר שממנו נוצרנו. המהות שלנו כבשר ודם מגדירה את הטבע המקבל, החושק והנזקק שלנו. בלתי אפשרי לחשוף את האמת ואת המציאות, כי הכל מתרחש בתוך הרצון שלנו. כמו כן, כל תמונה שאנו רואים, התנועות שלנו, המרחב, הזמן וכל התכולה הם הבחנות של הרצון שלנו.

המטרה היא להיות מסוגלים לשלוט על הרצונות שלנו. כאשר אין אנו מסוגלים לשלוט על כוחם של הרצונות שלנו, אנו חווים את התחושות האמיתיות של העולם החיצוני, אשר מושפע מהאגו.

הציפיות של הרצון קובעות את התפיסה שלנו ואת התודעה שלנו. מה שהלב רוצה, המוח מבחין. לפעמים זה קורה שיש לנו תאבון בזמן נסיעה לאורך העיר, החושים שלנו מתפתים למקומות שבהם אנחנו יכולים לספק אותן.

אילו היינו יכולים לשלוט ברצונות שלנו, להגביל אותם, לקבל את ההווה כפי שהוא, כלומר, להיכנע לרגע הנוכחי ללא תנאי, היינו רואים שהעולם הוא פנימי, שהכל נמצא בתוכנו, שאנחנו יכולים לשנות את הרצונות הללו ושעל ידי נטרול האגו שלנו נבחין בבירור שזה לטובתנו, טובת האחרים וטובת הקהילה.

רצון אחד מוצג בפנינו כפונקציה של זמן, אחר נותן לנו תחושה של שינוי והשלישי – תחושה של תכולה. צבעים, צלילים, ריחות, טעמים, מידות ומגע פיזי, כל אלה רצונות שונים, אשר ביחד, מייצגים את העולם עבורנו, העולם החומרי שמקיף אותנו.

על ידי תיקון של רצון אחד האדם מתקרב אל הבורא. כאשר אנו מסוגלים לתקן את כל הרצונות שלנו, כך שהם מתלכדים בתוכנו כמו פיסות של "פאזל" לתמונה אחידה, אנחנו מצליחים לגלות כי כל היקום הוא בתוכנו ושום דבר לא מתרחש או קיים מחוץ למה שאנחנו. כפי שאמרנו קודם, אנחנו חיים בתוך הרצונות שלנו, בהתחשב בכך שהם הדבר היחיד שהבורא שתל בתוכנו.

הכל מתרכז ברצונותינו שהם, בתורם, מהווים את השתקפות האגו שלנו. ביום בו נבין את הרצונות האמיתיים שלנו ביחס לאחרים, נתחיל לחשוף את החלק הרוחני שלנו בכל אחד מהאנשים. אנשים חייבים להיכנע לעצמם ולשלוט באגו שלהם, אך מבלי לפרש זאת כסימן לחולשה, אלא כנוחות אישית בלבד.

מאוחר יותר, בפרק שסוקר את מרכיבי המודל הרוחני, ניכנס יותר לפרטים בעניין השדות או התחומים של הרצונות שלנו, או במילים אחרות, איך אנו תופסים את העולם שלנו.

המשימה שלנו כבני אדם היא להבחין אילו חלקים של הרצונות שלנו עלינו לתקן עם כוונה ברורה של יכולת השפעה ונתינה לאנשים. כמו כן, עלינו להיות בעלי הבחנה בעניין אילו חלקים של עצמנו עדיין לא תוקנו,

ולהגביל את עצמינו ברצונות אלה. מה שניתן לתקן יגדיר את כמות האור הרוחני שיש לאדם ואת גודלו של הכלי שלו.

רבי נחמן מברסלב, מורה וחכם מסוף המאה ה-18 ותחילת המאה ה-19 כתב בספר *ליקוטי מוהר"ן* שלעתים קרובות לאנשים יש רצונות בלתי מסופקים, משום שאין להם כלי גדול מספיק כדי לקבל שפע. מחבר ספר זה אומר כי אדם, רק על ידי ביטוי הרצונות שלו, מקרב אותם למציאות, או במילים אחרות, הרצון האישי של האדם מסייע לבנות ולהרחיב את הכלי שלו.

## חוק שוות הצורה או חוק איזון רוחני

חוק השוות של הצורה או חוק איזון רוחני - אומר כי אלה שחולקים תכונות רוחניות דומות מושכים זה את זה לפי רמת המקבילות או ההתאמה ביניהם. כאשר הדמיון הוא שווה ערך, הם מתאחדים בהרמוניה מושלמת.

כבר אמרנו שהבורא הוא כוח מוחלט ואינו משתנה. ככל שהחיים הרוחניים של האדם דומים יותר למאפייניו של הבורא, כך יש לו יותר כוח להשפיע. לעומת זאת, ככל שהם שונים יותר, כך הוא מקבל פחות השפעה. חוק שוות הצורה הוא הבסיס לכל התהליך הרוחני: ככל שאנחנו מתקרבים יותר להיות כמו האור הרוחני, כך אנחנו משפיעים יותר.

חוק שוות הצורה פועל מהבורא כלפינו ומאתנו אל הבורא, ולכן הוא נקרא גם חוק האיזון הרוחני. באופן יחסי לכמות האור שאנו מקבלים מהבורא,

אנו יכולים להתחבר אליו ולהשפיע כמוהו באותו הכוח, אך השפעתנו מכוונת כלפי אחרים תוך כדי שמירה על איזון.

בנוסף, האדם עשוי להרגיש צורך "להגיב" בחזרה ולתת נחת רוח לבורא, הנאה וגאווה, בדיוק כמו שילד עושה את אביו מאושר כאשר הוא רואה אותו מצליח ומנצח.

עם זאת, ראוי לציין כי הבורא לא צריך שום דבר מאיש, גם לא מאתנו. הבורא רק נותן, הוא לא מקבל. אנחנו לא יכולים לתת לבורא כלום. מה שאנחנו יכולים וצריכים לעשות הוא לפעול על מנת לשפר את הערך שלנו במערכות היחסים שלנו עם האחרים ולשכלל את הפרויקטים הרוחניים שלנו על מנת להשיג יותר שוות צורה.

הזכרנו קודם שאיננו יכולים להשתחרר מהטבע שלנו. יש לנו צורך לקבל וליהנות, ואנחנו כל הזמן שואלים האם אנחנו שמחים, האם אנחנו רוצים עוד משהו, האם נוכל ליהנות יותר או לשפר את עמדתנו? אבל על פי חוק שוות הצורה, עלינו להגיע למצב מקביל לזה של הבורא, אם כי המצב הזה הוא ההפך מן הטבע הצרכני שלנו. אנחנו אומרים שזה הפוך, כי אנחנו תמיד חייבים לבדוק ולשאול את עצמנו, איך לגרום יותר תועלת לאחרים ואיך לוותר על משהו משלנו לטובת אחרים.

אז איך אנחנו יכולים לעשות את השינוי הקיצוני הזה?

בתוך הדנ"א הרוחני שלנו קיים "גן", ניצוץ רוחני, שאנו מכנים אותו "הנקודה שבלב". יש לו את המאפיינים הבסיסיים המינימליים של הבורא: נתינה ושיתוף עם אחרים.

# "נקודה שבלב" (רצון לרוחניות)

זהו החלק הרוחני או ה"גן" בעל המאפיינים המינימליים של הבורא. זוהי נקודת ההתחלה שממנה החלק הרוחני של האדם מתחיל לנסות להגיע אל האור הרוחני. אנו מכנים "ישראל" את האנשים ש"הנקודה שבלב" שלהם כבר פעילה, כפי שציינו קודם.

ה"גן" הזה ער באנשים עם נטייה רוחנית פעילה ואלה שכבר החלו את דרך ההבנה והעבודה בפועל במערכת הרוחנית שלהם. בינתיים כיום, ה"גן" הזה אינו פעיל ברוב האנשים.

ברגע שהוא מופעל, החיים לעולם לא יחזרו להיות כמו שהיו קודם. "הנקודה שבלב" תנחה את האדם לבגרות רוחנית ותהווה התחלה של התעוררות שתגרום לשינויים פנימיים. האדם מתחיל לתפוס את העולם בתחושה של התודעה של עכשיו ומתחיל להיכנס לעולם של שלום, שביעות רצון, אהבה ושמחה עם כל מעשיו ועם כל מה שיש לו.

"הנקודה שבלב" מאפשרת להתרחק מן הרצון לקבל הנאה אך ורק באמצעות האגו. תוך התאמת האגו, האדם צריך לנתח אותו ולשלוט בו מ"בחוץ", להסתכל בדיוק על מה שהבורא הקים. יכולת זו לראות את מה שהקים הבורא נקראת "אמונה", שהיא מעל ההיגיון. למידה על "הנקודה שבלב" מאפשרת לנו לראות איך פועלת הבריאה.

הרוב המכריע של האנשים בחברה מתרכז בשיפור חייהם החברתיים והכלכליים. רק מספר קטן מכירים ב"נקודות שבלב" שלהם, כלומר,

העובר הרוחני שלהם כבר התחיל להתפתח. מטרת החיים היא גילוי עולם גבוה יותר.

אבל הפעלת "הנקודה שבלב" אינה מספיקה כדי לצייר את תכונות הבורא בתוכנו. עלינו למשוך את האור הרוחני לעצמנו. אז איך? זה תלוי בכמה אנחנו משתווים לצורת הבורא. ואיך אנחנו יכולים להדמות לו יותר? על ידי יצירת שותפות או על ידי הצטרפות לקבוצה של אנשים שכבר יש להם "נקודות שבלב" פעילות כמו אצלנו.

זה יהיה הנושא בפרקים הבאים בהם נסביר על הדרכים לעשות זאת.

## תפיסת המציאות

תפיסת העולם שלנו מבוססת לחלוטין על חמשת החושים שלנו, וכפי שאנו יודעים, הם מוגבלים. אנחנו לא יכולים לדעת מה נמצא מעבר לחושים שלנו.

הדרך שבה אנו הוגים את הבורא תלויה לחלוטין ביכולת שלנו לתפוס את המציאות. עלינו להתחיל בלהכיר בעובדה כי מה שאנו תופסים איננו מה שקורה סביבנו, אלא רק סכום של כל התגובות הפנימיות שנצברו מתוך חוויותינו, שחרותות בתוכנו. אנו מכירים בחומר ובצורותיו, אך איננו יכולים לתפוס את מהות הדברים ולא את צורותיהם המופשטות.

שום דבר לא קיים מחוץ למוח האנושי. כל אדם מודע לקיומו, אפילו לעובדה של קריאת עמוד זה עכשיו, למשל. אנחנו הייחודיים בתודעה שלנו, אנחנו לעולם לא שוכחים על עצמנו. כל הרגשות והחוויות שלנו

נמצאים בתוכנו. מה שאנחנו רואים דרך החלון מגיע מתוך עצמנו. אנחנו רואים עץ, למשל, שהוא מחוץ לנו, אבל שלא יהיה שום ספק: הגוף שלנו, החלון והעץ נמצאים בתוך התודעה שלנו, בתוכנו. המגבלות האמתיות היחידות על מה שאנחנו יכולים להיות, על מה שיש לנו, או על מה שאנחנו עושים, הם הטלה עצמית. גבולות אלה אינם קיימים מחוצה לנו. הסיבה שאנחנו לא יכולים לעבור דרך קירות היא כי אנחנו נשלטים על ידי אותם כללים שיצרנו באמצעות ובעזרת החושים שלנו.

החושים שלנו משקפים את מצב התודעה שלנו. בלתי אפשרי לתפוס את האני הרוחני שלנו, כי החושים שלנו הם אלה שקובעים את התפתחות האגו שלנו. אנחנו לא יודעים איך "לחדד" את החושים שלנו כדי לקבל את האור או את המציאות הרוחנית, כי אנחנו לא יודעים למה לצפות, אנחנו לא יודעים מה הנושא. גם ברמה הפיזית, הגופנית, ישנם חוקרים ומדענים שמאשרים כי אדם אינו יכול לתפוס שום גירוי חיצוני אם הוא עדיין לא הוגדר בתוכו.

מה היה קורה לו הייתה לנו היכולת להבחין בבירור בצורות מופשטות ובמהות הדברים? או, כדי להציג את הנושא טוב יותר, מה היה קורה, לו הדימוי של הבורא היה ברור?

לו האור שבתוכנו היה חשוף, ללא כל מאמץ להשיגו, זה היה גורם לנו להרגיש אובדן של כבוד, כי אם היינו רואים את המהות הרוחנית המושקעת בכל דבר ובכל פרט שאנחנו רואים ועושים לא היינו מעוניינים ללמוד, להתקדם ולהידמות יותר לבורא. קיים בנו הדנ"א הרוחני מעצמותו

של הבורא והמאפיינים שלו, למרות שהם לא גלויים לחושים שלנו. אנחנו
חייבים לגלות אותם על ידי חקר המערכת הרוחנית. לא נגיע לשום מקום
רק באמצעות החושים שלנו.

כדי ש"הדימוי האלוקי" של עצמות הבורא יתגלה בכל מה שאנחנו, עלינו
ללמוד תחילה את הצורות המנוגדות לבורא, ואז נוכל להתחיל לבנות
תכונות הדומות לאלה של הבורא. ברגע שהצורות המנוגדים מוכרות,
הדרך להפעלת הדנ"א של האלוקות הטמון בתוכנו, תהיה ברורה.

בדומה לאופן שבו החושים שלנו יכולים לתפוס את הסביבה הפיזית שלנו,
הכלי שלנו יכול להבין את המציאות הרוחנית השייכת לכל אחד מאתנו.
הכלי לא יכול לדעת על המציאות החיצונית, הוא מבין רק את המציאות
שבתוך עצמו. אנחנו יכולים לחשוב על הכלי כעל חוש שישי, שיש לו את
כוונה לרכוש את המאפיינים של הבורא.

בדרך כלל, אנו מכנים את התפיסה של המציאות בתוך הכלי בצורתה
הסטטית הנוכחית כ-"העולם הזה" או "העולם הנוכחי". ולהיות "בעולם
הבא" או "בעולם העליון", זאת תפיסת המציאות בתוך הכלי כאשר הוא
מתחיל "לצבור" אנרגיה רוחנית, משיג השפעה וממשיך לעבוד כדי
לרכוש יותר ויותר עד השלמת עצמותו של הבורא.

תהליך ההתאמה, ההסתגלות וההתפתחות של הכלי שלנו הוא עבודת חיים,
עד התיקון הסופי.

# הנשמה

בדרך כלל, אנו מכנים את החלק הרוחני של האדם, האנרגיה, הכוח או הרצון המכוון לרוחניות, "נשמה".

נשמתו של האדם נקראת "חומר רוחני", והרצונות האמיתיים של האדם הם הצורות ש"מתלבשות" על החומר הרוחני, שהוא "העולם הנוכחי" של אותו האדם.

אדם יכול להגיע למצב ולרמת העצמות של הבורא על ידי הבנת הדנ"א הרוחני שלו, כלומר, הרצונות שלו. ברגע שהרצונות נחשפים והאדם מודע אליהם, הוא מסוגל לשנות אותם, לשפר אותם ולתקן אותם עד שיעלו לרמה של אהבה והשפעה.

בפרק הבא נסביר מה הן רמות הנשמה.

# לחיות בהווה שלנו

מה הוא ההווה?

על פי המילון, ההווה הוא מה שנמצא מול או בנוכחות של מישהו, הרגע שבו הוא מתרחש, הרגע הנוכחי, העכשווי.

עם זאת, יש אנשים המגדירים את ההווה כמו הרגע הזה או את הקו הדק המחבר בין העבר והעתיד, במילים אחרות, כמשהו שאינו קיים.

בלי להעמיק יותר מדי בדיון על צורה, אלא על מהות, אנו נגדיר את ההווה כמשהו רחב יותר מאשר רק הקו שמחבר בין עבר לעתיד, משהו שקשור לעכשיו, החיים שלנו נכון לרגע זה, בעידן שבו אנו חיים.

עלינו לחיות תוך חשיבה שהווה זה הדבר היחיד שיש לנו עכשיו. לא ניתן לשחזר את העבר, הוא כבר מת, והעתיד עדיין לא הגיע. העבר והעתיד אינם קיימים, רק זיכרונות או הבטחות.

אחת השאלות החשובות לניהול הרוחניות היא: מה הקשר בין העבר והעתיד להווה שלנו?

התשובה היא פשוטה, חוויות העבר והעתיד הן תוצר של האגו שלנו, משום שכפי שכבר אמרנו, הרצונות יכולות להציג את עצמן כפונקציה של זמן.

אקהרט טולה כבר כיסה היטב את נושא החיים בהווה והחסינות מפני העתיד בפירוט רב בספרו "הכוח של עכשיו" ("*The Power of Now*"). אצטט מספר רעיונות שלו, שיכולים לסייע גם לנו בהבנת המודל הרוחני שנדון כאן.

## חסינות מפני העבר והעתיד

עלינו לחיות בהווה שלנו ולהיות חסינים מפני הפנטזיות הנובעות מן העבר או מן העתיד.

באופן כללי, אנשים חיים את ההווה עם מחשבות, רגשות, תחושות או עקבות של העבר. ואנחנו יכולים לשאול את עצמנו, מה החוויות האלה קשורות לאגו של האדם?

התשובה פשוטה: האגו של האדם זורח בהווה כאשר משווים אותו לניסיון או תחושה מהעבר, אשר יכולים להשפיע עליו כל כך עד שזה ימנע ממנו הזדמנות להעריך באופן בלתי תלוי את ההווה. האגו ניזון על ההשוואה לחוויות העבר.

אם "ננטרל" את האגו שלנו במידה שתאפשר לנו לעורר ו/או לרכוש תכונות של הבורא לתוכנו, נוכל לחיות את ההווה במודעות, בשלווה ובאושר עם כל דבר שהרגע הזה יביא.

לדוגמה, אם מישהו עשה משהו בעבר והרגיש עצב, תסכול או פחד כתוצאה מכך, האדם ישווה את החוויה הזו עם משהו שעלול לקרות אם הוא יעשה את אותה הפעילות עכשיו בהווה. ברור, שבמצב של בחירה בין פחד ולא פחד, אדם תמיד יבחר במצב של ללא פחד. בחירה ב"ללא פחד" פשוט מתמקדת בעבר על מנת להימנע ממנו, מבלי לשים לב להווה ולעובדות נוכחיות ומבלי לבחור באופן חופשי ועצמאי מהפחד שהאדם הרגיש בפעם הראשונה. הפעילות בהווה מותנית בחשש לחזור על חוויות העבר הלא נעימות.

גם ההפך הוא נכון. אם אדם חווה אושר או ביטחון, האדם משווה את החוויה עם מה שעלול לקרות שוב, מבלי לקחת בחשבון שהתנאים הנוכחיים עשויים להיות שונים.

צריך להיות ברור לנו שהעבר עצמו אינו דבר שלילי. להיפך, העבר נותן לנו עובדות היסטוריות חשובות, מידע בסיסי המאפשר לנו להבין את ההווה ולתכנן את העתיד. עם זאת, יש לנתח ולבחון את המידע באופן נטול רגשות. כידוע לנו, מי שלא מבין את העבר נידון לחזור עליו. העבר מספק מידע נוסף כדי לעזור לעבד את העובדות הנוכחיות ובכך לפתור מצבים בצורה הטובה ביותר.

חיים עם מחשבות קבועות על העתיד או העבר, מונעים מאתנו להיות כאן, בהווה, מונעים מאתנו להיות מודעים למציאות הייחודית שיש לנו, מונעים מאתנו להיות מסוגלים לחיות באופן מאושר ולהיות מאושרים עם מה שיש לנו.

אנחנו חייבים לחיות כמו אמנים: ליצור בתוך הנשמה שלנו, בלי מחשבות, בלי זמן או תודעה, אלא בשלום ובשלווה.

למרבה הצער אנשים רבים מבלים שנים בהמתנה לעתיד טוב יותר או נתקעים בעבר המת.

# אינטליגנציה רגשית

על פי ויקיפדיה, אינטליגנציה רגשית היא מה שמאפשר לנו להיות מודעים לרגשותינו ולהבין אותם בצורה נכונה.

כדי לחיות בהווה ולהיות חסינים מפני העבר והעתיד, עלינו להיות בעלי אינטליגנציה רגשית מספקת. אם אנחנו מקבלים החלטות "בקור רוח", אם מנתחים את היתרונות והחסרונות באופן ברור, נוכל להשיג תוצאות

טובות יותר. להיות מודעים לרגע הנוכחי, ללא מחשבות מעוגנות בעבר או בעתיד עוזר לנו לנתח את האפשרויות השונות כדי להיות מסוגלים ליישם את הפתרונות הנכונים.

אשמה, חרטה, טינה, תלונות, עצב, מרירות, בושה, חיבה, רחמים ... כל אלה רגשות שנגרמו על ידי חשיבה על גורמי העבר שיצרו אותם. לפעמים אנחנו נגעלים ממישהו שעשה לנו רע. במקרים אלה סליחה בהווה חשובה הרבה יותר מאשר סליחה בעבר, כי זה מצביע על ההפנמה בתודעה מלאה של הרגע. הבגרות או אינטליגנציה הרגשית הזו עוזרים לנו להתחיל לפתח את המאפיינים הדרושים להקמת מערכת רוחנית ללא הפרעה.

רגשות הם תגובות של המוח. עלינו ללמוד להתבונן ברגשותינו ובמחשבותינו כדי להימנע מלהיות נשלטים על ידם. רגש הוא תבנית של מחשבות הטעונות באנרגיה ובעלי כוח לשלוט בנו. תוך עקירת המודעות שלנו מההווה, הם גורמים לנו לאבד את ההתבוננות והשלווה שלנו על העכשיו. הרגש פותח את הדלתות למחשבות פולשניות בהווה, הנושאות בתוכן את התרחשויות העבר שנכחדו מזמן או את האשליות של העתיד.

לפעמים, אפילו החיים נראים חסרי טעם. כולנו עוברים זמנים שבהם הדיכאון מכפיש את המשמעות של החיים. המוח שלנו קורס וחוסר היגיון משתלט. אפשר לקרוא לזה טירוף או חוסר הכרה.

עם הזמן, אנשים רבים הופכים לשליליים בשל הצטברות של חוויות פסיכולוגיות. כאשר מגיעה הזדמנות חדשה בהווה לא היינו נהנים מהמצב, כי לצערנו הם העמידו התנגדות מסוימת ואולי חסרת בסיס.

אותו דבר קורה עם העתיד. אדם מודאג או שדעתו מוסחת על ידי תוצאה של החלטה שעוד לא ידועה ושתפורסם בעוד כמה ימים, נותן לאגו שלו להשתלט על דעתו, ומשאיר אותו ללא מקום לחיות בו בהווה. ההווה צריך להישאר חופשי מהעתיד אשר עדיין לא קרה, כי האדם ידע את התשובה בעוד מספר ימים ואין דרך לדעת אותה קודם. אין בכך כדי למנוע תכנון, קבלת החלטות או נקיטת צעדים למניעת מצבים עתידיים אפשריים. אכן, רצוי וצריך לתכנן פעולות עתידיות המבוססות על עובדות קיימות.

תחושות של פחד, אי נוחות, חרדה, לחץ, מתח או דאגה נגרמות על ידי חשיבה על העתיד, תוך שלילת ההווה, שהוא הדבר היחיד שקיים בפועל. לדוגמה, הזמנה לחשוב כי העתיד יהיה טוב יותר, רעיונות כגון: "הבוס שלי הבטיח לי כי בשנה הבאה אני אקבל העלאה", צריכים להיות מנותחים בשלווה של עכשיו, כי אלה אירועים שטרם התרחשו. התפארות או הרגשה טובה לגבי פעילות שצפויה לבוא, היא הכחשה של הווה ומציאת מקלט בעתיד לא בטוח. אינטליגנציה רגשית היא דרישה חיונית להערכת הבטחה. ייתכן שהעתיד יביא אותה, אבל שום טענה על העתיד לא יכולה להיות נכונה עכשיו. זה עלול לקרות או לא. אין שום דרך לדעת.

# פרק 4. המערכת הרוחנית

איך לגלות מערכת שלא ניתנת למדידה או תפיסה על ידי החושים שלנו?

איך כעת אני יכול להתחיל לשתף את האנרגיה שלי, את הכישרון שלי ואת ההוויה שלי עם אחרים? איך אני יכול לעזור?

בכל אחד מאיתנו קיים ניתוק בין הפוטנציאל האלוקי שלנו – העצמות (העצם) של הבורא – לבין מצבינו הנוכחי. זו מאין רעלה המכסה את המקור האמיתי של האור, אשר אינו בא לידי ביטוי, אך באמת קיים בעולם הנוכחי שלנו. האור שטרם בא לידי ביטוי הינו המקור של התודעה האנושית. הדבר החבוי שטרם בא לידי ביטוי, אלה החושים הנעדרים שלנו.

האנשים שבהם נטוע זרע של רוחניות, "הנקודה שבלב", כל הזמן נמצאים במצב של צורך בחיפוש. יש בהם צורך לגלות מערכת, אשר תאפשר גישה לאמת רוחנית בכל הרמות ובכל עת וכך להגיע למצב של דעת שמפיקה אושר, בריאות, שלווה, עושר וכוח (השפעה).

כל תהפוכות החיים, כל דבר שאנו נתקלים בו או רואים בדרכנו מספר לנו משהו. למשל, אנו עדים לאירוע חריג בעת ההליכה או מתרחש משהו שלוכד את תשומת ליבנו: תאונת דרכים, שיחה בין שני אנשים, תופעת טבע וכו ', בכל דבר שקורה בחיינו, במישרין או בעקיפין, משהו שייך לנו, משהו מדבר אל התודעה שלנו, אל הווייתנו, מדבר אל האדם בתוכנו, אנו

לומדים משהו שיש לו פוטנציאל לגרום לחלק רוחני מסוים שבתוכנו להתפתח.

כל מה שקורה לאנשים, כל מה שהם נולדים איתו, כל מה שהם רוכשים במהלך חייהם, הוא לטובתם ומקובל לחלוטין על הנפש והגוף שלהם. הנשמה של האדם היא נצחית, משום שהיא חלק מהנשמה האוניברסלית שמגיעה מהבורא, כמו כל נשמה בעולם. אומרים שהנשמה האוניברסלית של האנושות היא נשמתו של אדם, האדם הראשון, הוא היה הראשון שקיבל את דמותו האלוקית של הבורא בדנ"א הרוחני שלו, שנקרא "נשמה אוניברסלית".

כל נשמה שומרת על קשר ישיר ומיוחד עם הבורא. כאשר אדם נולד המאפיינים החיוניים, סוג של מפה רוחנית, כבר "מוקלטים" בגנים הרוחניים שלו. המאפיינים הללו יעזרו לו לבחור את הנתיב הרוחני שהוא צריך כדי להיות מסוגל לחדד ולשפר את נשמתו בעולם הזה. הנשמה הזאת יודעת אילו חלקים של הדנ"א הרוחני צריך לשנות ולהתאים כדי להשיג את הפאר הגדול ביותר שלה.

באמצעות הדרישות הרוחניות החרותות בדנ"א הרוחני שלנו, אנו יכולים להסביר בשפה פשוטה, שלנשמה יש "דו-שיח" עם הבורא, בעניין "הבחירה וההחלטה" לגבי כל פרט, פיזי וחברתי, של חיינו. הפרטים האלה יעזרו לנו לעשות שיפור רוחני במהלך החיים. למשל: תאריך ומקום לידתנו, תקופת לידתנו, מי יהיו הורינו, מי יהיה בן זוגנו ואחינו, יום מותנו, וכן הלאה.

לדוגמה, אם מישהו נולד עם הפרעות פיזיות כמו עיוורון או שיתוק, הנשמה שלו היא "בהסכמה וקבלה מלאה" שמה שיש לו נכון לשיפור הנשמה שלו. קיימות סיבות רוחניות לכל הגזירות שמסמנות אותנו, הן אלה שאנו מחשיבים ל-"חיוביות" והן אלה שאנו מחשיבים ל-"שליליות", כל מה שמגיע אלינו ובא לקראתנו.

כל מה שקורה לנו, "חיובי" או "שלילי", הוא לטובת הנשמה שלנו. בין אם אנו מעורבים באופן ישיר במה שקורה ובין אם אנו רק הצופים, אם על פי בחירתנו או על ידי כוח עליון הכפוי עלינו או על ידי חובה שמוטלת עלינו, הכל לטובה ולטובתנו.

לפעמים קשה מאוד להבין שמשהו שנראה ומרגיש "שלילי", משהו שמדכא אותנו או מכניס אותנו למצב רוח רע - מכה קשה, כאב בלתי נסבל, מוות, מחלה, הפסד כלכלי וכו' - הינו חיובי ותוצאותיו הן לטובתנו, לשיפור נשמתנו ויחסיה עם אחרים.

לדוגמה: אם ננסה להסביר את מותו בטרם עת של אדם צעיר, אולי לעולם לא נבין את הסיבה. אפשר להעלות כמה רעיונות, אבל נציין רק שניים, באופן כללי: 1) נשמת האדם הצעיר הגיעה לעולם הזה, על מנת לסיים משהו שהיה הכרחי להשלים, בשביל התיקון שלה ובכך להביא לטיהור הסופי שלה. 2) אותו הכאב שמותו של האדם הצעיר גורם ליקיריו, יעזור להם לטהר את עצמם ולהרהר על הבורא. באמצעות הכאב משהו לא גמור יתוקן, זה כמו תשלום "חוב" רוחני או סגירת מעגל של הנשמה.

71

לפעמים ניתוח מיידי בטווח קצר של אירוע "שלילי" אינו מובן וחובתנו היא לחפש את הסיבה הטובה או החיובית לאותו האירוע. שליליות היא פשוט ההתנגדות שלנו לקבל את ההווה כפי שהוא, עקב חוסר הבנה שמדובר ב-"רווח נטו" עבורנו בכל מה שקורה לנו או בכל אשר אנו עדים לו.

למרות שזה לא הנושא של הספר הזה, אנחנו יכולים להזכיר בקצרה כי הסיבות לאירוע או תקלה שקרו לנו, מחוברות לגרסאות רוחניות שונות, כגון חיים קודמים של אותה הנשמה – גלגול נשמות, אשר עברו בזמנם ללא תוצאות רצויות, אבל עכשיו הם מתעוררות בנו מחדש, הזדמנות כדי להתגבר עליהם, ולתקנם סופית, לטובת התיקון הכללי של הנשמה. סוגיית הנשמות המתגלגלות כדי לתקן עוולות שבוצעו או החמצת הזדמנויות רוחניות בחיים קודמים, היא גם נושא לספר אחר.

כאשר אנו מחוברים למערכת הרוחנית שלנו, אנו מתחילים לראות את הכוחות שמניעים דברים, את הסיבות, את שאלות ה-"למה?", את המטרות והפרטים של כל מה שאנחנו מודעים או לא מודעים אליו, כלומר, כל מה רוטט או קיים בחיינו.

## יחסים רוחניים בינאריים

המודל הרוחני המוצג בספר זה מבוסס על הקשר הרוחני בין שני אנשים או יותר, המכונה "יחסים בינאריים". לכל מערכת יחסים רוחנית בינארית יש משמעות מיוחדת.

ניתן לפרש כל מערכת יחסים אישית כמערכת יחסים בינארית. לדוגמה: הורה-ילד, בעל-אישה וכו'. כאשר שלושה אנשים קשורים מבחינה רוחנית (לדוגמה אריה, בנימין וגדי) ישנם שלוש מערכות יחסים בינאריות פשוטות: ב'-א', ג'-ב' ו-ג'-א'. שלושת מערכות היחסים יכולות גם להשתתף ביחסים בינאריים אחרים, המורכבים למשל מ- ב'ג'-א' או א'ב'-ג'. לחובבי מתמטיקה אנו יכולים לומר שמספר מערכות היחסים הבינאריות האפשריות בין x מספר של אנשים נקרא N עצרת (נרשם N!). מספר העצרת שמתקבל על ידי מכפלת כל המספרים מ-1 עד N:

$$1 \times 2 \times 3 \times 4 \times 5 \times 6 \times 7 \ldots \times N = N!$$

(לדוגמא: 1X2 = 2!; 6=1X2X3=3!; 24=1X2X3X4=4!, וכך הלאה).

# שותף רוחני

השותף הרוחני הוא דוגמה ליחסים בינאריים בין שני אנשים: בעל ואישה, שני חברים קרובים, וכו'. כאן נתייחס אליהם כאל החלק הזכרי והחלק הנקבי.

לכל אחד מאיתנו, גברים ונשים כאחד, יש היבט רוחני זכרי והיבט רוחני נקבי. במערכת הרוחנית, ההיבט הנקבי הוא החלק "המקבל", וההיבט הזכרי הוא החלק "הנותן", החלק המשפיע.
הבעל צריך לראות את הצד הנקבי שלו משתקף באשתו. היא הבעת ההיבט הנשי שלו, כלומר, החלק המקבל של האדם. האישה רואה את

הגבר בתור ההיבט הזכרי בתוכה, החלק שנותן ומשפיע. גברים ונשים קיימים בשביל שירות והשלמה הדדית, במונחים המוכתבים על ידי הדנ"א הרוחני של כל אחד.

בנישואין, כל אחד מבני הזוג צריך להיות מחויב לתת את עצמו לחלוטין וללא תנאי, עם יושר וכנות. הקשר הזוגי הוא רוחני במהותו ונשלט על ידי מיזוג רוחני של הכלי של כל צד. איחוד הנישואים מאחד שני חצאים לנשמה אחת: הכלי של הזוג.

אם האיחוד הינו פיזי או גשמי בלבד, הוא לא יעבוד. למרות שהיחסים עשויים להימשך, הצדדים לא ייהנו ממנו.

יחסים בין-אישיים אצל זוגות כגון בעל-אישה, חבר-חברה, הורה-ילד, אם-תינוק, אחים, מורה-תלמיד וכו', הם נושא אחר לזמן אחר.

# אישה והריון

היינו רוצים להזכיר בקצרה את היחסים הרוחניים החשובים שקיימים בין אם לילדה שטרם נולד.

בהריון רואים מצב של טיהור וחיבור של נשמת התינוק. זה תואם את התלאות והמצוקות שהנשמות של התינוק והאם חייבות לעבור לפני הלידה.

מרגע ההפריה, קיים קשר רוחני ישיר בין העובר לבין נשמתה של האם. ראוי להזכיר שגם נשמתו של האב קשורה ישירות לתינוק בזמן שהוא בתוך רחם האם. גופו של התינוק מתפתח תחת כיווני הרשימו (הגן

הרוחני) שלו שכבר "מוצב" בתוך התינוק שטרם נולד, עד שהנשמה יכולה להתבטא, ברמה הבסיסית, לאחר כ-20 השבועות הראשונים של ההריון. זה יכול להשתנות מאישה לאישה, אבל קיימים מקרים מסוימים, בהתאם לרמת הרוחניות של האם, שבהם הנשמה יכולה להתבטא הרבה יותר מוקדם, אפילו ברגע של ההתעברות.

כפי שהזכרנו בפרקים קודמים, הכל מתחיל בעולם הרוחני, ומאוחר יותר מתבטא בעולם הפיזי. אבל מה שמעניין אותנו כאן הוא מה שקורה למערכת היחסים הרוחנית הזאת אחרי שהעובר כבר נמצא ברחמה של האישה, כמה חודשים לפני הלידה.

זוהי מערכת יחסים בינארית רבת עוצמה ומיוחדת, למרות העובדה שהיא מאופיינת בכך ששני הצדדים אינם יכולים לתקשר מילולית, חזותית או על ידי ריח.

במהלך ההיריון קיים דיאלוג מתמיד בין נשמתה של האם לבין הנשמה של התינוק או התינוקות. לקשר רוחני זה קיימות השפעות ישירות על ההתפתחות הגופנית של התינוק, וכמובן גם על הגוף של האם, כולל ההתנהגות הגופנית, הרגשית, האינטלקטואלית והפסיכולוגית שלה. הקשר הרוחני בין האם לילד הוא כה חזק, שכפי שאנו יודעים, יכולים להתקיים שינויים בבריאותה של האם וגם של העובר עקב "זיווגים" רוחניים בין שתי הנשמות. לדוגמה, בחילות והקאות של האם ניתן לפרש כמו דחייה שהגוף שלה מבטא בשל חוסר הרמוניה, מכיוון שהנשמה של האם עדיין לא התחברה לחלוטין לנשמתו של התינוק או להיפך.

הניסיון האישי שלי הראה לי שעצם המודעות למציאות הרוחנית הזאת, שקיים קשר קבוע בין שתי נשמות, הייתה חשובה והיו לה השפעות חיוביות על ההריון של אשתי. טיפול ושיחות שהיו לי איתה במהלך ההריון הביאו להריון מצוין, עם רמת דאגה נורמלית, שבמהלכו היא לא הקיאה אפילו פעם אחת, והמשקל הכולל שצברה בסוף תשעה חודשים היה רק 6 קילוגרמים, מאוד מקובל לאישה בגובה 1.75 מ' ובמשקל 60 קילוגרמים. הלידה הייתה קצרה וללא סיבוכים. השיחות על היחסים הרוחניים הבינאריים בין נשמתה של אשתי לבין נשמתו של ילדנו שטרם נולד תמיד עזרו לה להרגיש טוב, בטוח, רגוע, וללא דאגות לא שגרתיות. כפי שאנו יודעים, לפעמים בשל איסורים פיזיים או רוחניים, הריון יכול להסתיים בהפלה.

ראוי להזכיר, בקצרה, שכתוב בספר הזוהר שאשה צועקת ובוכה 70 פעם בעת הלידה, זה נחשב סוג של תפילה. חלקם ממליצים לדקלם פרק ק' מתהילים כדי לעבור לידה קלה ונטולת כאב רב.

## דינאמיות רוחנית

המערכת הרוחנית של אדם מסוים, כמו המערכת הרוחנית של החברה, נמצאת במצב קבוע של התפתחות ותנועה. הבורא משפיע עלינו ללא הרף, מיום ליום ומרגע לרגע. מסיבה פשוטה, אך חשובה זו, המשימה שלנו היא לתקן את עצמנו יותר ויותר בכל רגע.

כפי שהזכרנו, האגו שלנו ימשיך לגדול יום אחר יום, יחד עם האגו הקולקטיבי והאגו של החברה העולמית. אין לנו ברירה אחרת מאשר לתקן ולהשלים את נשמותינו בכל עת.

ניתן להשוות את הדינאמיות של המערכת הרוחנית לאדם שמחליט לעלות במדרגות נעות שיורדות מעטה. אם נעלה באותו קצב כמו המדרגות הנעות (היורדות), לא נעלה, אבל גם לא נרד. אם אנחנו מטפסים (עולים) מהר יותר מאשר המדרגות הנעות יורדות, אנחנו יכולים לעשות התקדמות רוחנית. אבל אם מצד שני, ההתקדמות שלנו היא איטית או שהיא בכלל לא קיימת, אנחנו נרד, והסבל והמכות לא יאחרו לבוא.

## ימי הולדת

כמבוגרים, אנו תוהים מדוע אנו חוגגים לאנשים יום הולדת.

זו לא שאלה של מה בכך. הדבר הגיוני כי, במבט ראשון, אין סיבה לחגוג למישהו על העובדה שהתווספה לו עוד שנה של חיים וכעת נותרה לו שנה אחת פחות לחיות. אנו מודעים לכך שהאדם הזדקן ובריאותו נוטה להחמיר עם הזמן. במציאות זו, ברור כי אין סיבה טובה לחגוג כאשר מישהו מגדיל את גילו.

לפני יותר מ-25 שנה שמעתי את הרב מנחם ברנשטיין מטורונטו, קנדה, מסביר מדוע אנו חוגגים לאנשים כשהם גדלים בעוד שנה.

בכל שנה שעוברת, נשמתו של אדם משלימה מחזור רוחני. מהיום שאנחנו נולדים ועד השלמת כל שנה, הנשמה שלנו חווה את מה שאנחנו מכנים

"עלייה", הכלי הופך ל"רחב יותר". בשל הגדלת כמות האור, הכלי עם כל יום הולדת שעובר, יכול להכיל יותר אור ממה שהיה יכול בשנה הקודמת, כי יש יותר "נפח" ובכך יותר אור יכול להיכנס. בדרך זו, הנשמה שלנו עולה רמה רוחנית ואנחנו מקבלים יותר השפעה, יעילות וכוח רוחני בכל דבר מאותו יום ואילך.

כאשר אנו מקבלים את "העלייה", אנו מוצאים את עצמנו קרובים יותר לבורא, וכאשר אנו קרובים יותר אליו, הוא שומע אותנו בקול רם יותר, עם יותר כוח ובהירות מאשר לפני העלייה.

זו הסיבה שאנו נוהגים לחגוג לאנשים את ימי ההולדת שלהם. הבורא שומע אותנו טוב יותר בכל שנה שחולפת, ולכן יש סבירות גבוהה יותר שהזעקות שלנו ייענו מהר יותר מהשנה שחלפה. שימי ההולדת יחזרו על עצמם עוד הרבה פעמים! יום הולדת שמח!

# חיים ומוות

אנו נוטים לתפוס את החיים במונחים של לידה ומוות. אנחנו חיים כדי להיות מסוגלים לסיים את החודש עם הכסף שיש לנו, לא בטוחים מה יקרה לנו אם לא נצליח או שאנחנו לא מסוגלים להשלים משהו. בקיצור, העולם והחיים שלנו נשלטים על ידי פחד. פחד מפני הבלתי ידוע, פחד מהמוות.

ומה זה מוות? המוות זה פשוט הצעד הסופי וההכרחי בתהליך תיקון וטיהור הנשמה. כתוצאה מכך, המוות הוא חיובי לנשמתו של האדם, כי זו

78

הזדמנות להתנקות מטומאה, וזה הרגע, בו כל המעשים הטובים שעשינו בחיים מתלווים אלינו ומאירים את הנתיב לשלב הבא, לעולם הבא.

המערכת הרוחנית היא אחת. לכן כל הסכסוכים זהים בשורשם: חיכוך או קרבות בתוך משפחה הם, במישור אחר, דומים למלחמות בין עמים. כל אדם הוא ישות עצמאית, כמו אומה. כמו כן, כל אומה היא ישות רוחנית וכאחת כזו, יש לה את התחום הייחודי שלה ואת ה"מזל" שלה (נשמת האומה) השולטת בה, בדיוק כמו כל אדם.

השניות או דואליות בין החיים והמוות מראה לנו שהמוות יכול לבוא בכל עת.

לא משנה כמה זמן נחיה. השאלה היא כמה חיינו בעודנו חיים, והאם עשינו מספיק מאמץ ונלחמנו מספיק כדי להגיע לרוחניות. האם רצינו בכך? כל מי שחיפש רוחניות יודע שהחיים אינם נגמרים במוות.

# פרק 5. מרכיבים של המודל הרוחני

המודל של המערכת הרוחנית המוצעת כאן מורכבת מחלקים שונים שביחד מראים כיצד האור הרוחני בא ביחסי גומלין עם הכלי.

בפרק 3 הזכרנו בקצרה את מושגי הרצון והנשמה. כעת נתייחס לסיווג ופירוט של המרכיבים הללו במודל הרוחני.

המושגים שנקבעו להלן הם:

1. תחומי הרצונות שלנו - כיצד אנו תופסים את העולם הרוחני בו אנו חיים.

2. רמות או חטיבות של הנשמה.

3. תכונות או תלבושות של האור הרוחני (ספירות) שפועלות על רצונות הכלי ומתקנות או משנות אותו.

## תחומי הרצון: העולם שאנו תופסים

התחושה של להיות מוקף בעולם גדול, מגוון ורבגוני נובעת מהעובדה שהרצונות שלנו עדיין לא תוקנו. אחרי הכל, אנחנו חיים בתוכם, כי הם היו הדבר היחיד שהבורא שתל בתוכנו.

כפי שהסברנו, הכל בתוכנו, ומה שאנו רואים ומרגישים "מחוץ" למרחב הפנימי שלנו גם שייך לנו.

לכל אחד מאיתנו יש סוגים שונים של רצונות ועלינו להבין מה אנחנו יכולים לעשות איתם. כמו כן עשויים להתעורר בתוכנו רצונות שאנחנו לא

מבינים. האור הרוחני שמגיע אלינו עשוי להיות לא מספיק, כדי למקד את כל הרצונות על כל פרטיהם ולכן עלינו למצוא פשרות כדי להיות מסוגלים לשנות אותם.

השאלה היא, כיצד אנו תופסים את העולם הרוחני בו אנו חיים?

ישנם חמישה תחומים, או חטיבות, או שדות של הרצונות שלנו, דהיינו:

א.  שורש

ב.  נשמה

ג.  גוף

ד.  לבוש

ה.  היכל

ניתן לחלק את חמשת התחומים הללו לשתי קבוצות.

## רצונות פנימיים

אלה הם הרצונות שאנו יכולים להרגיש, או הרצונות "הברורים" שבתוכנו. הרצונות שמורגשים בעולם הפנימי שלנו. הרצונות הפנימיים הם:

○  שורש

○  נשמה

○  גוף

התחום שנקרא "שורש" הוא הנבט או הניצוץ שיוצר את הרצונות שלנו. זהו החלק שנפלט מהנשמה הכללית, העולמית, החלק מנשמתו של אדם, האדם הראשון עם הדנ"א הרוחני, הדימוי הטהור והקרוב ביותר אל עצמות הבורא.

תחום "הנשמה" מכיל את הרצונות המודעים שלנו ואת התפיסה של ההיבט הרוחני שלנו.

התחום המכונה "גוף" מכיל את הרצונות והצרכים של הגוף הפיזי שלנו ושל תפקידיו בעולם סביבנו: חפצים דוממים, צמחים ובעלי חיים.

## רצונות חיצוניים

רצונות אלה לא ניתן להרגיש ישירות, כאילו שהם לא הרצונות האמתיים שלנו. אנחנו תופסים אותם מחוץ לעצמנו, כאילו הם לא שייכים לנו. גם הרצונות הנתפסים בעולמינו החיצוני שייכים לנו. הרצונות החיצוניים הם:

- לבוש
- היכל

התחום הנקרא "לבוש", למרות שהוא נמצא מחוץ לגוף שלנו, קשור לקיום שלנו ביחס לאחרים. אלה הרצונות הקשורים לתדמית או לפוזה החברתית והאישית שלנו, למהותו של האדם ולמה שהוא רוצה להקרין (אמתי או שיקרי) לאלה הסובבים אותו. לדוגמה ,אני רוצה להפגין לעצמי ולסובבים אותי שאני אדם ישר ואמין, מהנדס גרעין, בוס שמראה מנהיגות, איש מקצוע בעל ביטחון עצמי, אדם מכובד, פרופסור או אדם

מלומד, איל אקסצנטרי, טיפש, בור, וכו'. במילים פשוטות, אנחנו מלבישים את עצמינו ברצונות שאנחנו רוצים להקרין מעצמנו אל אחרים. בתחום הזה יש לנו אשליה שאנחנו רואים לנגד עינינו חברים, אויבים, מראות מרהיבים ואירועים שאנו עדים להם.

התחום שנקרא "היכל" - מארז חיצוני, ארמון – הוא מה שאנו תופסים בבירור מחוץ לעצמנו. אנו חשים זוהר חלש סביב ולא מייחסים משקל רוחני רב מדי לתופעה זו. בשוגג אנו מאמינים כי, מכיוון שאנו רואים משהו רחוק מאיתנו מבחינה פיזית אין לו שום קשר אלינו והוא נמצא מחוץ לנו, אבל זה לא כך. הכל בתוכנו. כמה דוגמאות לרצונות אלה הם: בניינים, הרים, כוכבים, שמש, ירח, תנועתם - גלגל המזלות - וההשפעה שיש להם עלינו ועל הטבע הסובב אותנו. הכל קשור אלינו.

חלוקה זו של הרצונות שלנו לחמישה תחומים קיימת רק בתפיסתנו. כל אלה הם הרצונות שלנו ועלינו לנהל אותם כדי לעזור לתקן אותם בתוך עצמנו. ביום שבו אנו נתקן את כל הרצונות שלנו כדי שיצטרפו אלינו בתנועה זולתנותית, אנטי-אנוכית, פשוטה, נגלה שהיקום נמצא בתוכנו.

אנחנו לא מבינים שכל הרצונות שלנו, אפילו אלה שמחוץ לנו, שייכים לנו, אם כי יש לנו את האשליה שהם חיצוניים ונפרדים.

אני - זה כל הרצונות שלי.

עם מי אנחנו מתחתנים? עם הרצונות שלנו.

מה גורם לנו לצחוק? הרצונות שלנו.

עם מי אנחנו מתווכחים? עם הרצונות שלנו.

## רמות הנשמה

כפי שדנו בפרק 3, האור הרוחני זוהר בתוך הכלי. אנחנו קוראים לאור הזה – הנשמה ועל פי איכות עוצמתו הרוחנית, אנו מחלקים את הנשמות לחמישה חלקים או רמות כפי שאנו מסבירים בהמשך.

חמשת החלקים האלה הם חמשת הדרגות של האור הרוחני. כל רמה מזוהה עם היבט רוחני של האדם. אם אנו צוברים את הפרטים המסוימים של האור בכל אחת מהרמות, הם ייתנו לנו כוח עוצמה של אחדות – יחידתי, ייחודי ומאוחד - אשר יחשוף בפנינו את האור הרוחני באופן מלא.

חמשת הדרגות הרוחניות של הנשמה, לפי סדר העוצמה מהכי פחות עוצמתית ועד הכי עוצמתית, הן כדלקמן:

1) נפש. פעולה; האור של החלק "הדומם" בגוף האדם.
2) רוח. דיבור; האור של החלק "הצמחי" של גוף האדם.
3) נשמה. המחשבה; האור של החלק "החי" של גוף האדם.
4) חיה. התודעה; האור של החלק "המדבר" של גוף האדם.
5) יחידה. העצמות הייחודית.

ניתן לראות כי שלושת הדרגות הראשונות הנפש, הרוח והנשמה, הן הדרגות הבלתי-נמנעות של נשמת האדם, כלומר, הם הדרגות הטבועות ביחיד ולא תוצאה של פעולה חיצונית שלו. במונחים פסיכולוגיים, במשור אחר, נוכל ליצור הקבלה עם התת-מודע, התודעה והאני העליון.

אנחנו יכולים לומר על הדרגות האחרות, החיה והיחידה, שהן הדרגות המקיפות את התודעה הגבוהה.

כל אחת מהדרגות האלה היא דינמית ומציגה תנועה וכל אחת באה והולכת. בכל אחת מהן מתרחשות תנודות ומעברים. כולן מחוברות זו בזו, וכל אחת מהן מגבירה את העוצמה והאיכות של האור הגדל עד לתיקון הסופי של נשמתנו. ראוי להזכיר, כי על מנת להגיע לנקודה זו עלינו לחוות ולהתגבר על כל סוגי השינויים והמעברים שמרחיקים אותנו מן האיחוד עם האור המאוחד. ללא תלות בשינויים ומעברים אלה, אנחנו עדיין צריכים להיות מסוגלים להצטרף, למלא את הכלי שלנו עם האור הייחודי והמאוחד.

הסברים:

## נפש

זאת הדרגה הנמוכה ביותר, האור עם העוצמה הנמוכה ביותר, הקלושה ביותר, האור של הנשמה השוכנת. קיים גילוי של אור אפילו בדרגה זו, אם כי עוצמת האור אינה גורמת לכל שינוי. לכל אחד מאיתנו יש מצב רוחני מינימלי, "דומם" של אור וכל אחד מאיתנו מחפש לתקשר עם אחרים. זהו אור האחדה הבסיסית, "דומם".

## רוח

כשעולים דרגה, כל חלק של האור מתחיל להשתנות. האור מאחד בתוכו את כל חמשת הדרגות הרוחניות של הנשמה ותוך שמירה על אחדות,

חלים שינויים וההתרחשויות ברמה זו של הכוח הרוחני, על אף שהרמה הבאה של האור טרם נחשפת.

בדרגת הרוח, אנחנו יכולים להתחיל לראות את השינוי של המאפיינים האישיים שלנו. זה אותו האור של האיחוד, אבל ברמה גבוהה יותר, אנו עוברים מרמת "הדומם" לרמה השנייה של הכוח הרוחני, הרמה "הצמחית".

## נשמה

כאשר עולים בדרגה נוספת, תוך שמירה על אותו האור של אחדות - יחידתי, ייחודי ומאוחד - האור מגביר את עוצמתו ואיכותו. בהתאם לדרגה הרוחנית של האדם, האור עובר לרמה השלישית, "הנשמה", שבה הכוח הרוחני מתחיל לנוע בחופשיות ביחס לאחרים. הכוח שלנו זורם הלוך ושוב בין האנשים.

## חיה

הדרגה הבאה של הנשמה נקראת חיה. זוהי הדרגה ה"מדברת", שבה אנו מתחילים לתקשר בצורה רוחנית כאילו שכולנו שייכים לגוף אחד.

## יחידה

הדרגה החמישית והאחרונה של הכוח הרוחני היא הדרגה האלוקית. "האור האינסופי", מוגבר ומעודן – היחידה - אשר מחזק אחדות רוחנית מושלמת. כאשר אנו מגיעים לרמה זו אנו יכולים להשפיע על כולם בכל דבר, כאילו אנחנו העצמות של הבורא, וזה מסמן את סופו של התיקון של

הנשמה שלנו. רמה סופית זו של הנשמה היא החלק של הדנ"א הרוחני שלנו שמדמה אותנו לעצמות הבורא החרוט בתוכנו.

# ספירות: תכונות האור הרוחני המשתקפות בכלי

כפי שהזכרנו בפרק 3, הכלי מחולק לחלקים בעלי דרגות שונות של "זיכוך" או "עובי". הכלי מקבל את כל אחת מחמש דרגות האור הרוחני לפי העובי או הזיכוך שלו. האור הרוחני זוהר בתוך הכלי עם עשר עוצמות או תכונות שונות הנקראות ספירות.

הספירות "מלבישות" את הכלי בתכונות שונות אלה או ב"בגדים" של אנרגיה רוחנית, על מנת להשפיע על הרצונות של האדם. ניתן לתקן את הרצונות, בהתאם לעוצמה או לכוח שבאמצעותם האור הרוחני משפיע עליהם.

לספירה (יחיד של ספירות) קיימות משמעויות שונות:

א.    ספירה או פירוט;

ב.    זה בא מהמילה "ספיר", המונח שמרמז על תאורה, זוהר או האצלה;

ג.    סיפור, ביטוי, תקשורת;

ד.    גבול;

ה.    התגלות

קיימות עשר (10) ספירות. האור הרוחני - שהוא חזק מאוד - ניתן להשוות לאור השמש העובר דרך "מסננים" שיש להם תכונות ומאפיינים שונים שיוצרים שינויים ברצון. האור לעולם עובר דרך מסננים אלה, אין דרך לקבל אותו ישירות.

עשרת הספירות, הן כמו קרן אור שעוברת דרך פריזמה. קרן אור נכנסת בצד אחד של הפריזמה ומצד שני היא יוצאת כשהיא מחולקת למניפה של שבעה צבעים. האדם תופס אותם כאילו היו אורות של גוונים שונים, כאשר במציאות זה אור אחד. הקשת בעלת מגוון הצבעים היא עיוות שנוצר על ידי הפריזמה.

כל ספירה מראה את הפאר שלה או "הזוהר", כאשר האדם משתוקק לעקוב אחר הפעולות של האור בכלי. משמעות הדבר היא, שהספירות מתלבשות ברצון האדם ועוזרות לו בתהליך השינוי, במהפך של הגוף הרוחני למצב של השפעה.

תוך השפעה על הרצון, האור מביא רעיונות חדשים, ידע ותחושות, וגם חושף עולם שהוא חדש לנו לגמרי. מידת ההשפעה של האור בתיקון רצונות האדם, היא רמת הרוחניות של אותו אדם.

אלה עשרת הכוחות היצירתיים המחברים את האור האינסופי של הבורא אלינו ולעולמינו. וכל זה באמצעות הכלי שלנו.

המסורת הקבליסטית מדברת בדרך כלל על עשר ספירות. אבל לפעמים נספרות 11 ספירות, שכן שתיים מהן מייצגות ממדים שונים של כוח אחד.

יש אנשים המתייחסים לספירות כאל צורה או תכונות שבאמצעותן הבורא מגלה את עצמותו ומתקשר עם בריאתו. אך יש להבהיר, כי הספירות הן אינן הבורא, הן המדיום שדרכו באות לידי ביטוי התכונות והאיכויות הספציפיות הללו.

להלן רשימת הספירות, המופיעות לפי הסדר, מהקרובה ביותר לבורא עד לרחוקה ביותר, מהכי פחות עבה (הכי טהורה וזכה) עד לעבה ביותר (הכי פחות טהורה), מלמעלה למטה.

הערה: ברשימה זו אנו כוללים את ספירה מס' 11 (**).

- "כתר": הניצוץ או הנקודה בה הכל מתחיל, הספירה הכי טהורה וזכה מכל הספירות (*).

- "חוכמה": תפיסה, גרעין, רגע ההבנה.

- "בינה": הבנה, הבעה, בנייה, הרחבה.

- "דעת": יישום, הפנמה (** ספירה מס' 11).

- "חסד": אהבה, משיכה, קבלה ללא תנאים.

- "גבורה": עוצמה, כוח, חומרה, משמעת, חובה, גבולות.

- "תפארת": הרמוניה, תהילה, הזדהות, חמלה.

- "נצח": שאיפה, כוח.

- "הוד": מסירות, ענווה.

- "יסוד": זרע, בסיס, קישור (***).

- "מלכות": ריבונות, נוכחות אלוקית, אמונה. הספירה העבה, הפחות זכה, המחוספסת ביותר מכל הספירות.

89

(*)לגבי "כתר", אנו יכולים להוסיף שמדובר בכוח רצון שמגיע מהעצמות האלוקית שלנו. כאשר אנחנו מחוברים, אנחנו מסוגלים להזיז הרים. לפעמים אנחנו לא יכולים להגשים את רצוננו, אבל אף אחד לא יכול לקחת אותו מאיתנו.

(**)כפי שציינו קודם לכן, שתיים מהן ("כתר" ו "דעת") מייצגות ממדים שונים של כוח אחד, ולכן, ספירה מס' 11, "דעת" לפעמים מושמטת.

(***)איזון הכוחות "נצח" ו-"הוד" יוצר יסוד מוצק או זרע, "היסוד" של החיים.

"היסוד" מתעל את אנרגית שמונת הספירות שקדמו לו (מ"חוכמה" ועד "הוד", כלול "יסוד"), על מנת לחלוק אותם עם "המלכות" בתור "השלב הסופי של הרוחניות".

חשוב לציין כי הקבוצה הבאה של ששת הספירות –חסד, גבורה, תפארת, נצח, הוד ויסוד – נקראות זְעֵיר אַנפִּין (בעברית: ארשת פחותה / פנים קטנות). ניתן לקבץ את הספירות הללו יחד, מכיוון שלפעמים פעילויות מסוימות של האור הרוחני משותפות לכל הקבוצה. זו הסיבה שמתייחסים אליהן כאל אחת.

הבה נוסיף, שכל ספירה גם מחולקת לעשר ספירות בתוך עצמה. לדוגמה: בתוך הספירה "מלכות" קיימות עשר ספירות (כתר, חוכמה, בינה, זעיר אנפין, מלכות), והן נקראות כתר של מלכות, חוכמה של מלכות, בינה של מלכות וכו'. העמקת הלימוד הפנימי של כל ספירה אינה חלק מספר הקדמה זה.

ניתן עוד לסווג את הספירות, על פי מאפייניהן, בשלוש עמודות או קווים
מנחים (ראה איור 2):

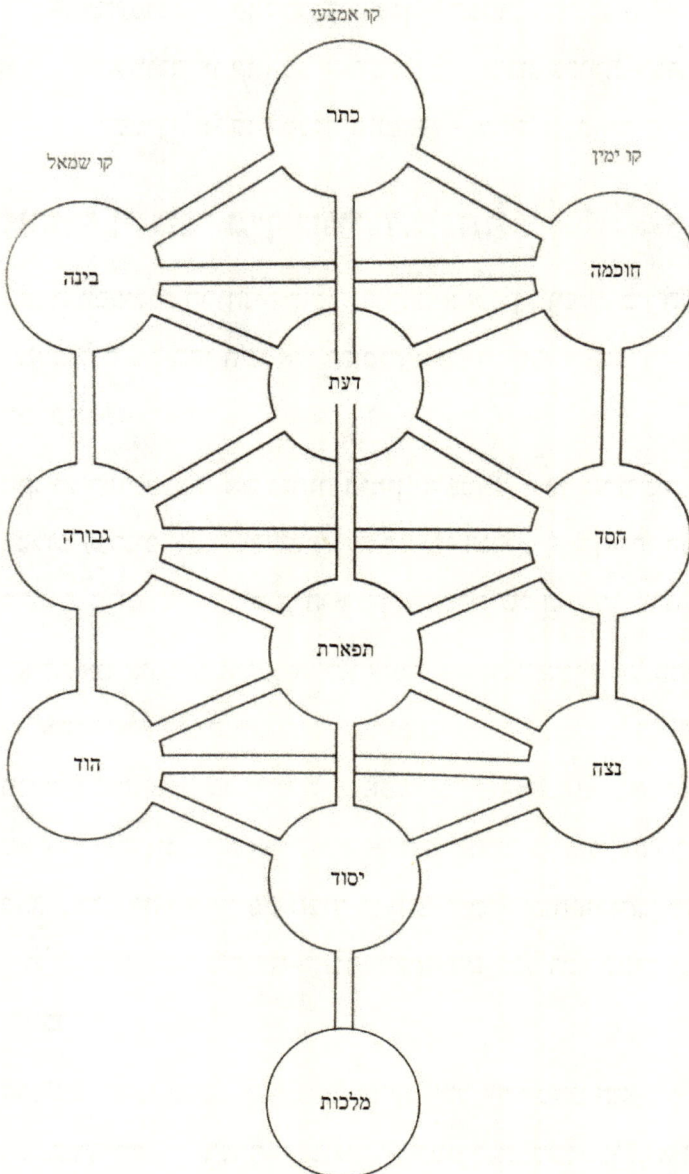

הספירות

איור 2

-    העמודה או קו המנחה הימני = חכמה, חסד, נצח.

-    העמודה או קו המנחה השמאלי = בינה, גבורה, הוד.

-    העמודה או קו המנחה האמצעי = כתר, דעת, יסוד, ומלכות.

# איזון רוחני בין קווי המנחה

מטרת הפעילות הרוחנית של היחיד, היא איזון מושלם בין הספירות המקבילות של הקו השמאלי והימני. האיזון מתבטא בספירה התואמת בקו המרכזי.

הקו המרכזי מסנתז את כוחות הימין והשמאל, יוצר הרמוניה, אחדות ושלום ומכניס את עשר הספירות למצבן הנכון. תיקון הקו המרכזי, כלומר, איזון שמאל וימין, הוא סוף המטרה של התיקון שלנו.

כאשר אנו אומרים איזון, זה לא אומר חלוקה קפדנית של חמישים אחוז כל אחד. המאפיינים בקו הימני צריכים להיות בעלי חשיבות עליונה על פני הקו השמאלי. כל חלוקה מתאפשרת: 15-85, 40-60, 44-56 וכו', זה לא צריך להיות שווה או ממוצע או יחס מסוים כלשהו. הדבר החשוב הוא להגיע לנקודה האיזון בין הכוח הרוחני מימין לכוח הרוחני משמאל. אנו יכולים לראות את הקווים האלה משתקפים בכל דבר סביבנו, בטבע ובחברה.

לדנ"א הרוחני שלנו יש "גנים" רבים, וכל אחד מהם הוא רצון או נטייה המעוצבת על ידי עשרת התכונות או הספירות. לכל "גן" יש טופוגרפיה משלו של הספירות, כלומר לכל ספירה יש ערך מסוים, גובה, עוצמה או

"כמות" בהתאם לרצון ולאדם. "כמות" של אנרגיה רוחנית בכל ספירה משתנה עם כל אובייקט, אדם או קבוצה. התפקיד שלנו, כבני אדם, קהילה או חברה, הוא לאזן בין שני הקווים שלנו (שמאל וימין), כך שיהיה קשר בין המאפיינים של הבורא בדנ"א הרוחני שלנו כלפי שכנינו. כמו כן, אנו צריכים לעשות התאמות בתוך עצמנו כלפי אחרים, השותף שלנו או הקבוצה, כלומר, איזון החלקים המעורבים במאפיינים של הבורא.

לדוגמה: אנחנו שואלים, איך אבא צריך לגדל ילד? אם האב מראה רק אהבה וחיבה ללא הבחנה, כלומר, הוא משתמש רק בספירת החסד, ללא מגבלות או גבולות, ללא חומרה או משמעת, ללא הכמות הנדרשת של אור השיפוט, חובות ומגבלות (ספירת הגבורה), אז החינוך של הילד יהיה נורא והוא יהיה מפונק.

אפשר גם להתייחס לפוליטיקה, לתנועות השמאל והימין. שתיהן נחוצות להתפתחות נורמלית של מדינה. אבל אם לא יושגו הסכמים המאזנים בין שתי העמדות הללו, שלעתים קרובות אינן מתיישבות, תיווצר אי-יציבות פוליטית. זה בא לידי ביטוי כאשר המערכת הפוליטית בשלטון באותה עת, אינה תורמת לאיזון הרוחני האמיתי שיש להתקיים בנקודה החברתית-כלכלית שבה הוא נמצא. ממשלות דמוקרטיות שעובדות רק על רוב מוחלט (50% + 1) אינן יעילות בדרך כלל, שינויים דחופים מתעכבים, קיימת צעידה אחורה, המדינה לא זזה קדימה או לא מתפתחת בדרך בה היא צריכה להתפתח.

סוג זה של דמוקרטיה אינו לוקח בחשבון את מאזן הכוחות הרוחניים. יש ליצור דמוקרטיה עם איזון רוחני בין כוחות הימין והשמאל, כך שהדברים יזרמו והמדינה תתקדם ברווחתה החברתית והכלכלית לטובת כל תושביה. נשאיר את הנושא השנוי במחלוקת, המרגש והקריטי הזה בהמתנה לפורום אחר.

# הקשר בין רמות הנשמה (אור) לבין הספירות (כלי)

האור וחמשת הדרגות שלו תואמים את הספרות של הכלי בדרך הבאה:

- כתר (הספירה הזכה ביותר)←→ יחידה (האור הטהור והמעודן ביותר)

כאשר האור מאיר ברמה העוצמתית ביותר והינו מאוד מעודן, הוא יכול להלביש רק את החלק הזך ביותר של הכלי. כאשר ובמקום שהכלי הוא מחוספס וגס, הוא לא יכול לנצל את האור המעודן.

- חכמה←→ חיה

- בינה←→נשמה

- זעיר אנפין (חסד, גבורה, תפארת, נצח, הוד ויסוד)←→ רוח

- מלכות (הספירה הכי עבה או המחוספסת ביותר)$\leftarrow\rightarrow$ נפש
  (האור הכי חלש והפחות זוהר)

האור המעודן ביותר אינו יכול להלביש את החלק הגס ביותר של
הכלי, הוא מבוזבז. רק אור חלש וקלוש, יכול לעשות זאת.

# פרק 6. אנחנו

בפרק זה נתאר את המרכיבים והמאפיינים הדרושים לנו, הן באופן אישי והן במשותף, כדי להיות מסוגלים להתחיל באופן פעיל בהכנת המודעות והנכונות הרוחנית שלנו.

## היחיד

כיחידים, כל אחד מאתנו חייב לדרוש שיהיו לו חיים של שלום, שלווה ואהבה, בתיאום מלא של גוף ונשמה, על מנת לממש את כל המטרות שלנו, הן החומריות והן הרוחניות.

כבר אמרנו שהיחיד הוא אטום בכל מערכת יחסים רוחנית. המציאות הרוחנית מתגלה רק ביחסים רוחניים בינאריים בין שני יחידים, לפחות שניים, בתנאים הדדיים. "מולקולת הרוחניות" מורכבת משני אטומים, שני יחידים: זה שנותן וזה שמקבל.

ההיבטים הבלתי מוחשיים או הלא מהותיים של היחיד (היבטים פסיכולוגיים, מנטליים, אינטלקטואליים, רגשיים וחברתיים) מאפשרים לו, במידה רבה, להקים ולקבוע את ההרכב של המערכת הרוחנית שלו.

דאגת היחיד היא להישאר ערני ומודע לכל מה שקורה בהווה, בעכשיו, עם רצון ובמשמעת, כדי להתגבר על אירועים קודמים או מחשבות על העתיד, שמשפיע על רגשותיו, וכך מסכן את ההחלטות שהוא עושה בהווה.

המטרה הברורה בזמן שאנחנו חיים, היא להשלים את התיקון של הדנ"א הרוחני שלנו או האיזון בין שמאל לימין, לפני שנגיע לסוף דרכנו הפיזית: המוות.

## תועלת אישית

וכך אנו שואלים, איך זה עוזר לאדם להדגיש את הרוחניות ולתת עדיפות להיבט הרוחני שלו? מה הוא מקבל בתמורה? מה הוא מרוויח מהתקדמות רוחנית?

כאשר היחיד מגיע לרמה רוחנית גבוהה יותר מזו שבה הוא נמצא, הוא מקבל את התפיסה הברורה של מציאות מיוחסת, בנוסף להתקדמות אל עבר המטרה, החיים הנצחיים והמושלמים.

אז מה היא חוויה רוחנית ברורה? איך זה בא לידי ביטוי באדם? מה "הסימפטומים"?

כאשר אנו חווים עליה או התקדמות ברוחניות שלנו, אנו רוטטים בעוצמה רבה יותר, ואנחנו יותר קשובים ורגישים לפרטים של חיי היומיום. הן חוויות המחברות אותנו להווה חופשי מהשפעות העבר והעתיד. ההווה העוצמתי הזה, שבעבר לא היינו מודעים אליו, מתגלה בפנינו כעת בצורה ברורה יותר, הן מבחינה פיזית והן מבחינה אינטלקטואלית ורגשית. איכות וכמות הפרטים בחיי היומיום שלנו יפיקו תוצאה רוחנית משפיעה יותר.

# הקבוצה או האגודה

מערכת היחסים בין שני אנשים - יחסים בינאריים - הינה הביטוי המינימלי של קבוצה או אגודה. כאשר יש שני אנשים או יותר באגודה, כל אחד מהם יכול לפתח את היחסים הרוחניים שלו עם הזולת, מה שיטיב לפרויקט הרוחני ביניהם. עלינו להשקיע את כל הכישרונות שלנו על מנת להביא תועלת לחברי הקבוצה.

לא קל לבנות קבוצה טובה. לפחות חבר אחד צריך להכיר היטב את אופן ניהול ההווה ללא ההשפעות הרגשיות של האגו שלו, כדי שיוכל לנהל דיונים קבוצתיים, תוך שמירה על התנאים הדרושים, כגון ערבות הדדית ורצון ברור לרוחניות בתוכו. אם לא, המוח, שהוא מטבעו אנוכי, יחבל וימנע כל התקדמות רוחנית.

עבודה קהילתית הינה בעלת ערך רב עבור צמיחה רוחנית, אבל לא די רק בה. אי אפשר לסמוך רק על עבודה קבוצתית ולא על מורה או על מדריך רוחני, אלא בתחילת הדרך או בשלבי מעבר, כאשר אדם לומד ומתרגל, כפי שנראה בהמשך.

מומלץ להימנע ככל האפשר מהעימות בין אנשים בגלל הפעולה ההדדית של מוח-מול-מוח או אגו-מול-אגו, משום שהעימות משפיע לרעה על ההתקדמות הרוחנית של הקבוצה. יש זמנים שבהם יש צורך לפתור סכסוכים אישיים באופן אישי ופרטני למען טובת הכלל והעבודה

הרוחנית. זה מועיל לתרגל תקשורת בין אדם לאדם או שיתוף בינאישי, ובכך ליצור מרחב עבור היחסים בעכשיו שלנו, בהווה שלנו.

קבוצת היחידים חשובה משום שהרצון המורחב, אשר מורכב מכל הרצונות של כל אחד ואחד מחברי הקבוצה, יופיע בתוך כל אחד מהם באמצעות הקבוצה.

"אני רוצה את הרצונות שלך, האם אתה זקוק לשלי? אני מוכן, קח אותם. אך תחילה בוא נתחבר בנקודה, בה אתה רוצה לשים את ליבך."

הרצונות הרוחניים של קבוצת אנשים זו מאוחדים במטרה ליצור רצון יחיד, הרבה יותר גדול ,שלם ובעל איכות רוחנית גבוהה יותר, אשר מקבץ יחד את כל הרצונות של חברי הקבוצה ומייצג כל אחד מהם. כלומר, נוצר כלי קבוצתי, הרבה יותר גדול מאשר כלי אישי של כל יחיד בנפרד, וגם גדול יותר מאשר הסכום של כל הכלים יחד. וכמובן, עם הכלי גדול יותר, כוח ההשפעה שלנו גדל בהתאם.

## ערבות הדדית

ערבות הדדית היא מערכת היחסים של קישוריות ותלות הדדית שקיימת בקבוצה, כחלק מפרויקט רוחני ייחודי שבו כולנו "איברים" בגוף אחד.

המחויבות שלי, כשותף רוחני של מישהו או כחבר בקהילה או בצוות שעושה עבודות רוחניות, היא לעשות, לבצע, לשקול ולהבטיח מערכת יחסים רצופה עם כל אחד מחברי הקבוצה.

מהי חובתי כלפי הקבוצה שלי או השותף שלי?

כתוב בתלמוד (סנהדרין כז-ע"ב), כי "כל ישראל עֲרֵבִים זה בזה". כמו כן, יש לנו את המצוות "וְאָהַבְתָּ לְרֵעֲךָ כָּמוֹךָ" ו"מָה שֶׁשָּׂנוּא עָלֶיךָ אַל תַּעֲשֶׂה לַחֲבֵרְךָ".

זה אומר שכל אחד ואחת בישראל (אלה שמכוונים "ישירות לבורא") לוקח על עצמו את האחריות לסייע, לטפל, לאשר, לעבוד עם כל אחד מבני הזוג, מחברי השותפות, קבוצה, קהילה או אומה, על מנת לפתור ולספק את הצרכים האמתיים שלהם ואת רצונותיהם.

אדם אינו יכול להגיע אל המטרה הרצויה במסלול הרוחני ללא תקשורת ועזרה של הסובבים אותו.

## יחסי אהבה

אהבה עשויה לבוא ולהישאר זמן מה, אבל בסופו של דבר היא בדרך כלל נעלמת. למה? הסיבה לכך היא שהאהבה האמתית היא חלק ממצבו הפנימי הטבעי בתוך האדם. האהבה החולפת הזו נוצרת על ידי גירוי חיצוני ולא מתוך האדם.

האהבה האמתית היא נצחית או חסרת זמן ואינה מתבססת על צורות או רגשות, היא אינה מכילה שיפוט משום סוג ואין לה מחשבות על העבר או על העתיד שמשפיעות עליה. אהבה עם אגו נקראת השפעה עם מניע, והיא כרוכה בלקבל משהו בתמורה, כלומר, היא מונעת על ידי הצורך לקבל. באהבה ללא אגו, אנו נכנעים לזהות שלנו. זוהי אהבה רוחנית, אהבה אמתית. כל דרך אחרת לא תהיה אהבה אמתית. זה אומר שאנחנו

מעבירים את האור שקיבלנו במלואו לאדם האהוב, בלי לשמור על משהו
לעצמינו. זה אומר שאנחנו הופכים לשקופים, מבלי להפגין את האגו שלנו
בכל דרך שהיא.

כאשר אנו באמת אוהבים מישהו, אנו מתממשים רק על ידי תחושת
האהבה או ההשפעה שאנו חשים כלפי השותף שלנו או האדם האהוב. גם
אם הרגשות הללו אינן הדדיות והאדם הנאהב אינו אוהב אותנו, העובדה
שיש השפעה ואהבה אמתית כלפי מישהו ממלאת אותנו בשביעות רצון
מלאה, והכלי שלנו מתמלא (מילוי הכלי). התועלת של גידול רוחני על ידי
לאהוב, היא עבור האוהב ולא בהכרח עבור מי שהוא אוהב. וכמובן, אהבה
אמתית והדדית, היא המצב המושלם.

אם נהפוך את עצמנו לשער שדרכו האלוקות הפנימית שלנו זוהרת, אין
צורך לחפש אהבה, היא תבוא ללא תקלה.

האיחוד בין הגוף לנשמה הינו הפרקטיקה המינית המושלמת
והאולטימטיבית. השלב המסיים של ההתפתחות המינית שלנו מחייב את
הקשר של הגוף והחושים הגופניים לישות הרגשית והרוחנית שלנו.

חמלה היא רגש קרוב לאהבה. חמלה היא המודעות לקשר עמוק בין אדם
לשכנו ובין אדם לבין כל היצורים ביקום. חמלה אמתית מודעת לקשר
המשותף של התמותה וגם של האלמוות. החמלה אינה נמדדת רק על ידי
עשיית דברים עבור אחרים, אלא גם על ידי נוכחות מלאה, נוכחות מודעת
ויושר, כלפי אותו אדם.

עלינו להגיע לרמה שבה שתי הנשמות נכנסות לתיאום ואז, כאשר הן שוהות במצב של ערבות הדדית, אנו יכולים להשיג איזון רוחני.

# בחירה או יצירת קבוצה

הסביבה החברתית שבה אנו חיים ומתפתחים היא בסיסית לצמיחה הרוחנית שלנו. אנחנו תוצר והשלכה של החברה בה אנו חיים.

אנשים רבים הם שבויים של החברה, עם מעט מאוד אפשרויות בריחה. לכן חשוב מאוד לחיות ולהישאר בקהילה בעלת סטנדרטים מוסריים גבוהים, כך אנחנו נהיה תוצר של אותה ישות.

כפי שכתוב בכתבי הקודש: "עֲשֵׂה לְךָ רַב, וּקְנֵה לְךָ חָבֵר".

כנגד "עֲשֵׂה" לך רב (מורה), אנו אומרים "קְנֵה" (רכש) חבר, בהתייחסו לעובדה כי בין חברים חייב להיות עניין ברור ומובהק בזכייה זה בזה, או בכיבוש הידידות - בין אם זה באמצעות מתנות מוחשיות או בלתי מוחשיים – בין שני החברים. כאשר יש עניין משותף קבוע בין חברים, הידידות יכולה להיות כנה ומתמשכת. אם לא מתקיימים יחסי גומלין הדדיים, היחסים הם אשליה שנשלטת על ידי מראה חיצוני או נוחות חברתית ו/או תרבותית.

זוהי חובתנו לבנות סביבה שתנחה אותנו להשתמש בחברה כתגבורת כדי להאיץ את ההתקדמות הרוחנית שלנו.

אם ,למשל, אנחנו צריכים כסף לפרויקט עם תועלת חברתית, אנחנו יכולים להקיף את עצמנו באנשים שתומכים בו ועובדים בשבילו, ועם מי

שאנחנו יכולים לדבר על זה. זה יעורר אותנו לעבוד קשה. או, למשל, אם
אנחנו רוצים לרדת במשקל, הדרך הקלה ביותר לעשות זאת היא להקיף
את עצמנו עם אנשים שחושבים על..., מדברים על..., והחליטו לרדת
במשקל. למעשה, אנחנו יכולים להשקיע יותר מאמץ מאשר להקיף את
עצמנו באנשים כדי ליצור סביבה, כגון לחזק את ההשפעה של הסביבה עם
ספרים, סרטים, שיחות, סמינרים, שיעורים ומאמרים.

כל זה מתרחש בתוך הסביבה שבה אנו מוצאים את עצמנו. לדוגמה,
אלכוהוליסטים אנונימיים ומרכזי גמילה מסמים משתמשים בכוחה של
הקהילה כדי לעזור לאנשים כאשר הם לא יכולים לעזור לעצמם.

אם נשתמש בסביבתנו בצורה נכונה, נשיג דברים שמעולם לא חלמנו שהם
אפשריים.

הרצון להבין את המערכת הרוחנית אינו יוצא מן הכלל. אם אנו שואפים
לרוחניות ולהגברת הגישה שלנו אליה והרצון שלנו בה, אנו רק זקוקים
לחברים, ספרים ומורה שמתאימים. החלק האלוקי של הדנ"א הרוחני
שלנו יעשה את השאר.

## דוגמאות של ישויות בעלות בסיס רוחני

המכנה המשותף של חברות, מדינות, תרבויות, עמים או שבטים הוא
מאבק על כוח חברתי, אינטלקטואלי, תרבותי, רגשי וכלכלי באחרים,
המתבטא בהתנהגויות אנושיות של כיבוש, כוח וסוגים אחרים של רצונות
אימפריאליסטיים.

אבל כאשר המכנה המשותף הוא חיבור דרך פרויקט רוחני או עבודה רוחנית, לא מתקיימת תחרות על ההשפעה: לכל אחד יהיה חלק משלו שיביא לו סיפוק, הנאה ותועלת, הן לקהילה והן ליחיד.

אנו יכולים להביא מספר דוגמאות של קבוצות עם פרויקטים רוחניים:

- איגודים רוחניים טבעיים, כמו היחסים בין הורים לילדים, בעל ואישה, משפחה, חברים וכו'.

- ארגונים בעלי תוכן רוחני, זהות ותכלית שהוקמו לטובת האזרחים, כגון הממשלה, ארגונים וחברות ציבוריות, מלכ"רים, מכללות ואוניברסיטאות, קרנות ציבוריים ופרטיים לתמיכה חברתית וכו'.

- קבוצות מדומות המבוססות על פרויקטים רוחניים ברשתות חברתית, צ'אטים, דואר אלקטרוני ויישומים אלקטרוניים או קיברנטיים אחרים.

יש לציין, שעלינו לחזור ולוודא שהפרויקט הרוחני ייטיב לקהילה, כי קיימת אפשרות ממשית שעבודה זו עשויה להפוך ליחסים בעלי אינטרסים כלכליים או להפוך למונעת על ידי סחר בהשפעה אישית, לבטל את ההשפעה הרוחנית ולהסיט אותנו חזרה לעבר תחרות האגואיסטית לכשעצמה.

# פרק 7. התקדמות רוחנית

בפרק זה נבהיר בבירור ובאופן תמציתי את הצעדים שיש לקחת על מנת להשיג את ההצלחה הרוחנית, אשר תוביל אותנו לחיי שלום, שלווה והאהבה, שתגרום לנו לממש את כל הרצונות שלנו, בין אם מוחשיים או בלתי מוחשיים, חומריים או רוחניים, אינטלקטואליים או פיזיים.

## המסלול להצלחה רוחנית

משמעות הצלחה רוחנית היא, שליטתה בחיינו ונוכחותה בחיינו ברמה האישית, השפעה ברמה החברתית (משפחתית, קהילתית ועולמית) וגם חיים בצורה משולבת בשביעות רצון עם מה שיש לנו, בהרמוניה עם המערכת האקולוגית והתענוג לשתף את ההישגים שלנו.

המסלול להצלחה רוחנית צריך להיות נעים ומספק, שיביא אושר בכל צעד שאנחנו לוקחים ובכל רמה שאליה אנחנו מגיעים, עד שנגיע למטרה הרצויה.

## המטרות שיש להשיג

התקדמות רוחנית תתרחש עם השגת שתי המטרות הבאות:

א. קשר עם אדם או קבוצת אנשים.

מצב השפעה מתקבל על ידי חיקוי פעולות הבורא. ניתן להשיג זאת רק כשנמצאים במערכת יחסים עם אדם או קבוצת אנשים.

קשר זה מאפשר את מצב ההשפעה וגם מספק את היכולת להשיג ולענות על צורך או רצון חבוי.

ב.   השגת עצמות הבורא.

הכרזה על הצורך להשיג את עצמות הבורא הינה עתירה רשמית לקבלת האור הרוחני. כל אדם קובע מה יקבל, על פי הדנ"א הרוחני שלו ועל פי הקיבולת שלו, כלומר, לפי הדמיון שלו לעצמות הבורא או להשתוות הצורה לבורא והדנ"א הרוחני שלו.

# התקדמות אישית

פעילויותיו הפרטיות של היחיד, כגון תפילה, מדיטציה, לימוד וקריאה על רוחניות או על נושאים קשורים, הינם יסודיים כדי להשיג הצלחה בהתקדמות הרוחנית שלו.

בשביל התקדמות אישית לימוד טקסטים הקשורים למערכת הרוחנית (הקבלה) הינו חיוני. היחיד, כמו הקבוצה, יצטרך ללמוד טקסטים שיטביעו אותו בנושא.

ברוח דומה, באופן מקביל ועצמאי למערכת היחסים הרוחנית עם בן/בת זוג או צוות, חשוב לאדם לתקן ולשפר את היחסים הבינאישיים שלו ככל האפשר, ובמידת הצורך, גם להטיב את תכונותיו הפסיכולוגיות, המוטיבציוניות והארגוניות וגם את ההתנהגות חברתית שלו, על מנת להקל ככל האפשר על השגת מטרתו: פרויקטים רוחניים שיביאו לרווחת הכלל.

היכולת לשינוי אישי בכל בני האדם הינה חשובה, חיובית ומשפיעה ישירות על הקשר הרוחני בין אדם לבין חבריו לקבוצה שנהנים מהפרויקט הרוחני והחברה בכלל. הרעיון הוא שכל יחיד - ביחסים הבינאישיים שלו, בפרויקטים רוחניים - יכול להפגין קלות של חיבור ותקשורת עם אנשים. על מנת לשפר את הקשר הרוחני, כל שיפור אישי, בכל תחום, מבורך. אנחנו יכולים להתקדם בתחום זה באמצעות לימוד עצמי, קריאה, קורסים באינטרנט, יישומים ניידים, מפגשים וסמינרים. כל זה כדי לקדם עבודות רוחניות.

חשוב לציין כי הקבוצה עצמה אינה קובעת את הכמות או האיכות של האור הרוחני ולא את סוג ההשפעה שתתקבל. האיכות, הכמות וסוג ההשפעה של האור הרוחני שמגיע לכל אדם יהיו בהתאם לרמה הרוחנית שלו. אנחנו לא יכולים לבחור מה אנחנו רוצים לקבל ולא על מה אנחנו רוצים להשפיע. אנחנו יכולים רק להתערב במסלול או באופן ההתקדמות במסע הרוחני שלנו. במילים אחרות, אנו בוחרים איזה ציר לקחת, כדי להתקרב יותר ויותר להבנה ולניהול המערכת הרוחנית שלנו.

אנחנו מתעקשים (בצורה של תפילה מדוברת או שקטה) לקבל יותר אור. אבל קבלת האור הרוחני אינה תלויה בקבוצה או בשותף, אלא בסוג ובאיכות החיבור או הקשר שאנו כיחידים שומרים בפרויקטים הרוחניים שלנו עם האנשים שנהנים ישירות מהפרויקט הרוחני ועם כל אחד מאנשי הקבוצה. זאת לא שאלה של מספר האנשים שאיתם אנחנו מחוברים, אלא האיכות של כל קשר.

# דרכי ההתקדמות הרוחנית

כל בני האדם על פני כדור הארץ נמצאים בהתקדמות רוחנית מתמדת, אם כי לפעמים ההתקדמות יכולה להיות איטית מאוד ולא כל כך מורגשת. כפי שכבר הזכרנו בפרק על הדינמיות הרוחנית, ההתקדמות הטבעית של הציביליזציה כלפי הרוחניות מתרחשת בקצב איטי מאוד, בעוד שצמיחת האגו האוניברסלי מתרחשת מהר יותר.

באופן כללי, התפתחות הרוחנית של הרוב המכריע של בני האדם, שעדיין אינו מודע למערכת הרוחנית, מתרחש מבחינה רוחנית באופן מתמיד, איטי מאוד, בקצב ההתנהגות של החברה, ללא כל מאמץ מיוחד וללא כל מטרת חיפוש אחר הרוחניות.

כאשר אנו מתקדמים בדרך זו, אנו מתמודדים עם מצבים שגורמים סבל, עונשים, אסונות טבע ועוד כל כך הרבה צרות בלתי צפויות אחרות, שהן תגובות לחוסר פעילות רוחנית, כאשר מניחים בצד את מטרת חיקוי תכונותיו של הבורא.

כמו בכל גוף חי: אם לא נאכיל את הרוחניות שלנו, נסבול מנגעים שיכולנו למנוע.

לכן, אין לנו תרופה אחרת, אלא לקדם את הרוחניות שלנו בקצב מהיר יותר מזה של האגו המואץ והנפוח שלנו.

ניתן לסווג את ההתקדמות הרוחנית לשני סגנונות או שתי התנהגויות שונות:

א.   הסגנון התגובתי, המונע על ידי סבל, איטי מאוד, או

ב.   הסגנון היוזם, המודרך על ידי העבודה הרוחנית שאנו מפתחים באופן מואץ.

אנחנו יכולים להחליט אם אנחנו מתקדמים במהירות (בנועם) או לאט (תוך התנגדות).

ההתקדמות לעולם קיימת. השאלה היא איך להתאים אותה לחיינו: אם ננסה ללמוד ויש לנו כוונה ברורה במטרה להניע את עצמנו לכיוון הבורא, ההתקדמות תהיה מהירה יותר או לחלופין, ההתקדמות תהיה איטית אם אנחנו הולכים לקפוא או לסגת ונתקדם רק על ידי אילוצי מלקות שוט ואסונות. זה הקצב הרגיל בזמנינו והקצב המשותף של הציביליזציה במהלך המאות האחרונות.

# פרק 8. המודל הרוחני

המודל הרוחני מכיל ישויות אשר מפורטות להלן:

## ישויות של המודל הרוחני המוצע

הישויות הבסיסיות והחיוניות לנתיב ההצלחה הרוחנית הן:

1. **היחיד** (האדם): כל אחד מאתנו, אטום במערכת היחסים הרוחנית.
2. **הקבוצה** או הצוות, אשר עשויים להיות:
   - מערכת יחסים בינארית: אחד-לאחד (בין בני זוג, שני חברים, הורה וילד, מורה ותלמיד, שני עמיתים וכו'.)
   - מערכת יחסים בין יחיד-לקבוצה, אחד-לרבים (בין מורה לתלמידים, מנהל ועובדים, מפקד וחיילים, אדם וקהילתו, וכו'.)
   - מערכת יחסים של רבים-לרבים (בין חברי להקה, בין שחקני קבוצת כדורגל, בין קבוצות שונות, בין בני משפחה, וכו'.)
3. **המורה**, המנהיג, מורה הדרך או המדריך הרוחני.
4. **הלימוד והקריאה** של מסמכים אשר נכתבו בנושא המערכת הרוחנית.
5. **הפרויקט הרוחני**: פרויקטים או עבודות שמשפיעות על אדם בודד או על מספר בני אדם באמצעות סיוע או מעשי חסד אחר.

יישום הפרויקט הרוחני, תהליך העבודה מזין את המערכת הרוחנית של המשתתפים בו.

בין כל אחד מהישויות הללו מתנהלות מערכות יחסים עם תנאים להגשמה, משימות לביצוע ומטרות שיש להגיע אליהן כדי שהפרויקט הרוחני יבוא לידי ביטוי.

המודל הרוחני המוצע כאן, מורכב משני מעגלים או תחומים, דהיינו:

I.       מעגל ההכנה וההפעלה.

II.      מעגל העשייה הרוחנית, התקדמות וההערכה.

אנחנו נסביר את החלקים, האלמנטים, האירועים, הפעילויות, תנאי הפעולה והיעדים של כל מעגל.

# מעגל I: ההכנה וההפעלה

מעגל I הינו מעגל ההכנה וההפעלה שבו אדם מתחיל את תהליך הלמידה, מעין טבילה במערכת הרוחנית. המעגל הזה כולל את הישויות הבאות:

1. מורה (מ')
2. למידה (ל')
3. יחיד (יח')
4. קבוצה (ק')

יש לייסד את ארבעת הישויות האלה בתחילת כל פרויקט רוחני.

כפי שהזכרנו קודם, אנחנו מגיעים למעגל הזה בתחילת המסלול הרוחני שלנו. אבל קיימים רגעים שבהם אדם הנמצא במעגל II צריך לבצע

פעילויות ממעגל I, כגון מציאת מורה אחר, כי המורה הקיים כבר לא זמין, או מציאת צוות או שותף חדש.

## המדריך ליחסים בין הישויות שבמעגל I

הישויות במעגל I מקושרות אחת לשנייה באמצעות אירועים ופעילויות באופן הבא (איור 3):

- מורה אחד (1) יכול ללמד ולהדריך הרבה יחידים (N) (מערכת יחסים של 1 ← N)

- מורה אחד (1) יכול ללמד תוך שימוש בטקסטים רבים (מערכת יחסים של 1 ← N)

- מורה אחד (1) יכול ללמד או להדריך קבוצות שונות (מערכות יחסים של 1 ← N)

- יחיד אחד (1) יכול להשתייך לקבוצות שונות ובקבוצה אחת יכולים להיות שניים או יותר יחידים (מערכות יחסים של M ← → N)

- יחיד אחד (1) יכול ללמוד טקסטים שונים וממקורות שונים וטקסט 1 יכול להיות נלמד על ידי הרבה אנשים (מערכות יחסים של M ← → N)

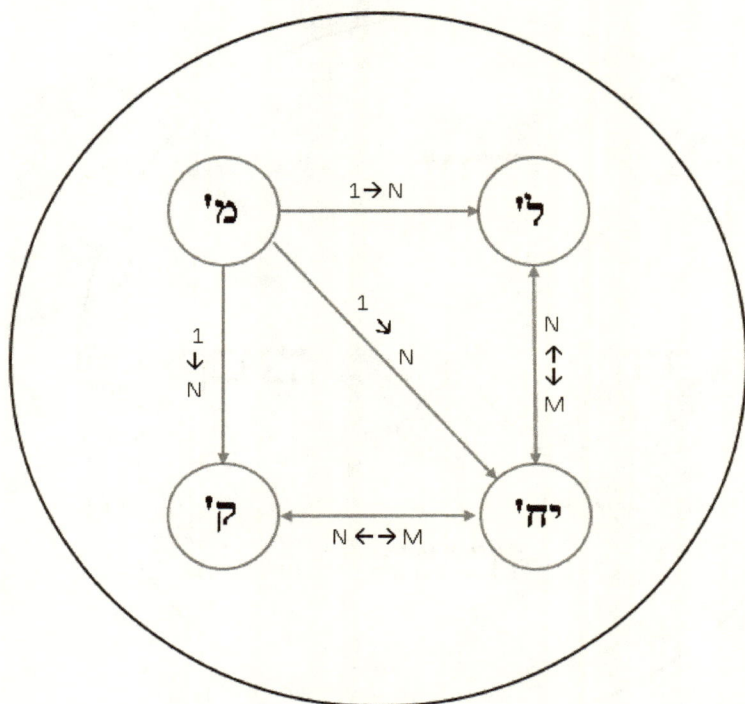

מעגל I

איור 3

לקבלת הבנה ברורה יותר אנו כוללים איור מס' 4, שהוא מהווה סיכום
של ארבעת הישויות במעגל I ואשר מסנתז את איור מס' 3.

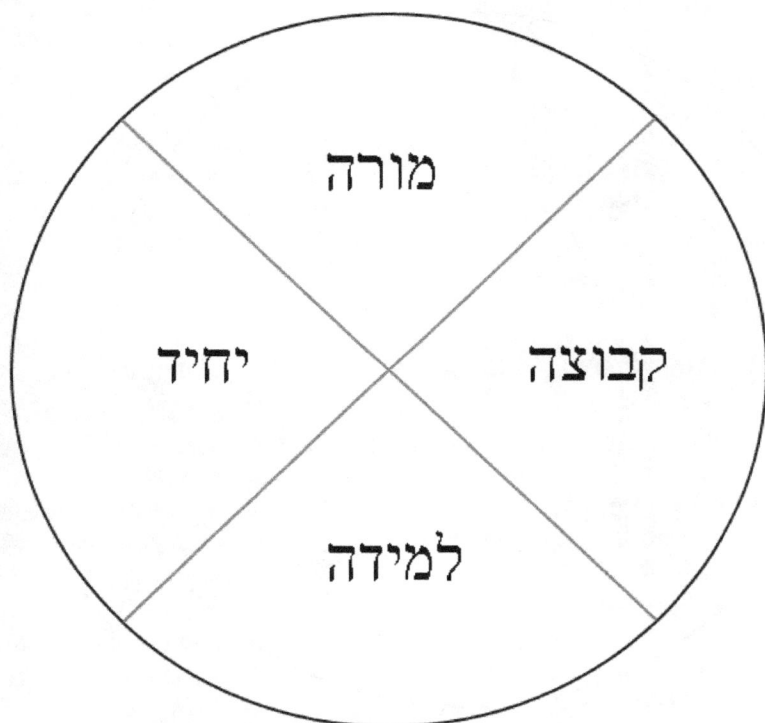

## מעגל ישויות I

איור 4

### מורה, מנהיג או מדריך רוחני

מציאת מורה, מנהיג או מדריך רוחני, הינו אחד הנושאים הבסיסיים של
מעגל I.

115

המורה צריך ללמד שיטות לעבודה עם האור הרוחני, שנכתבו בכתבי הקודש על הנושא.

כפי שציינו קודם, בכתבי הקודש כתוב: "עֲשֵׂה לְךָ רַב, וּקְנֵה לְךָ חָבֵר".

המורה צריך להיות מישהו שאנחנו יכולים להעריץ, לכבד ולראות כמישהו עם הבנה רוחנית גדולה ומורחבת, כמישהו שיכול להדריך וללמד אותנו, כפי שהורה מדריך ומלמד את בנו.

לפעמים, המורה יכול להיות, בתורו, חבר שצריך "לרכוש". העיקר זה שיהיה לו יותר ניסיון במערכת הרוחנית וידע כיצד היא פועלת.

על המורה להישאר יחד עם תלמידיו, כל עוד הם זקוקים לו. ברגע שהצורך הזה ייעלם, יגיע המורה הבא כאשר התלמידים יהיו מוכנים.

מטרת המורה היא ללמד את תלמידיו את הכללים הבסיסיים ואת ההתנהגות של הכוחות הרוחניים, כך שהאדם מתחיל ללמוד לחשוב עליהם, הן באופן עצמאי והן בקבוצה, תוך שימוש במונחים רוחניים. בדרך זו, הם ילמדו להבחין ולהכיל את מה שכבר נכתב בספרים ובמקורות ראשוניים.

התלמיד יכול לעקוב אחר המורה כל חייו, אם הוא ירצה בכך.

## לימוד טקסטים הקשורים למודל הרוחני

לימוד וקריאת ספרים, טקסטים ומסמכים הקשורים לנושא, זאת גם ישות במעגל I. פעילות זו מקבילה להשגת מורה, משום שהן הולכות יחד ואחת משלימה את השניה: המורה מלמד אותנו לפי ספרים וטקסטים מקודשים.

כשאנחנו מתחילים ללמוד על רוחניות, זה הגיוני וטבעי שעלינו ללמוד ספרי קודש בהם המערכת הרוחנית מוסברת ברמות שונות של ידע והבנה.

יש אנשים שמתחילים ללמוד ספרים קדושים בסיסיים, על פי רמת ההבנה, ההסבר, והפרשנות שלהם, כגון:

1) התנ"ך - שכולל: חֲמִשָּׁה חֻמְּשֵׁי תּוֹרָה, הנביאים והכתובים – טקסטים ברמת פשט.

2) המשנה, גימטרייה - טקסטים מתוחכמים יותר, טקסטים עם עצות והצעות.

3) התלמוד - טקסטים ברמה גבוהה שמביא דיונים, ויכוחים, מחלוקות, התדיינויות, חיפושים, הפרכות ושאלות.

4) הזוהר - טקסטים מופשטים המעניקים הסבר רוחני של פעילויות גופניות, טקסטים עם גילויים, טקסטים נסתרים עם סודות ומסתורין המסבירים טקסטים ברמות אחרות, ומסבירים את השיטה הרוחנית בפירוט.

הספר שמציג את כל סודות המערכת הרוחנית הוא ספר *הזוהר* הנודע של רבי שמעון בר יוחאי (המכונה "רשב"י"), שנכתב במאה השנייה לספירה. ראוי להזכיר כי אחד הספרים הראשונים על רוחניות והבסיס לספר *הזוהר* הוא *ספר יצירה*, שהורכב על יד אברהם אבינו לפני יותר מ-3,000 שנה.

ספר *הזוהר* אינו מיועד למחקר יחיד. תורתו צריכה להיות מועברת מן המורה (המקובל) אל התלמיד. זו הסיבה מדוע לימוד התוכן של *הזוהר* נקרא קבלה (ממילה "לקבל"). במילים אחרות, התוכן מועבר מהמורה -

שכבר קיבל את הידע - לתלמיד. במונחים קבליים, מורה רוחני עם ניסיון רב שנים של לימוד *הזוהר* נקרא המקובל, כלומר הוא כבר קיבל את הידע הבסיסי של המערכת הרוחנית.

קריאת ספר *הזוהר* כאילו היה ספר רגיל, יומיומי, היה הופך אותו לבלתי נתפס. כדי להטמיע זאת, יש להבין את ההקדמה הבסיסית המוגשת על ידי המורה, שבמהלכה הלב והנשמה של האדם יכולים להתחיל לקלוט את כל מה שמדע הקבלה מביא לו, לקלוט את דרישותיו, דעותיו ונקודות המיקוד על החיים ועל העולם.

מאז שנכתב *הזוהר*, הרבה מקובלים פרסמו מספר ספרים של פרשנות והערות למערכת הרוחנית. נזכיר כמה מהמקובלים הידועים, כגון רבי יהודה אשלג (בעל הסולם), רבי משה בן נחמן (הרמב"ן), רבי משה קורדובירו (הרמ"ק), רבי יצחק לוריא או "הארי" או "האריזל", הרב חיים ויטאל (מהרח"ו), הרב משה בן שם טוב די לאון, רבי יהודה ליווא בן בצלאל (המהר"ל מפראג), רבי משה חיים לוצאטו (הרמח"ל), רבי נחמן מברסלב, רבי שניאור זלמן מלאדי, ועוד קדושים וגאונים של המערכת הרוחנית.

## הכנת היחיד

ישות נוספת במעגל I היא הדרך בה היחיד מכין את דרכו לחיות את ההווה שלו. אדם שכבר נהנה ומבין את "הנקודה שבלב", כלומר, האדם המודע לדנ"א הרוחני שלו ולגן ה"אלוקי" שיש בו, חי את האירועים והפעילויות

בחייו, תחת תנאים ספציפיים שמכוונים אותו, לקראת המטרות הרוחניות שלו.

היחיד חייב, חוץ מלמידה ומציאת המורה, לעזור לעצמו באופן קבוע לעלות לרמה רוחנית גבוהה יותר באמצעות תפילה בקהילה, מעשי חסד, עזרת לזולת והתנדבות לטובת החברה. ראוי לציין כי היחיד, ללא צורך בקבוצה או שותף, יכול לסייע לאנשים במצוקה עם נדיבות, כגון תרומות כספיות למימוש פרויקטים רוחניים או תרומות של זמן המוקדש לעבודה בהתנדבות, בפרויקטים של שיתוף פעולה חברתי.

כיחידים, עלינו לעשות מאמץ להבין ולהשתמש בכל העובדות והאירועים המוצגים לנו, בחיי היומיום שלנו.

צעד אחר צעד היחיד ירכוש את היכולת להבין את "הטופוגרפיה" של המערכת הרוחנית שלו. הודות למודעות הבסיסית של המודל הרוחני, הוא יתחיל לחיות כל רגע של היום במצב גופני טוב, עם מטרה מוגדרת, עם התלהבות, השפעה, שכנוע, ללא דיכאון או בעיות רגשיות אחרות, מאושר עם מה שיש לו ועם מה שהשיג, עם בהירות מחשבה, ביעילות מעולה ואנרגיה בעבודתו היומיומית, עם יחס חיובי, ידידות עם הזולת, ביטחון עצמי, תוך השראת אמון והערצה אצל אחרים.

## הצטרפות לקבוצה

הצטרפות ויצירת קשר של היחיד בקבוצתו או בזוגיותו על מנת לעבוד על פרויקטים רוחניים בקנה מידה גדול הינה הישות הנוספת במעגל I.

ככל שהקבוצה גדולה יותר, כך קשה יותר ליצור מצב של ערבות הדדית, ערבות בין חברים, אבל כך היתרון גדול יותר. ביהדות נדרשים לפחות 10 גברים לתפילה. עובדה זו קשורה, בין היתר, לעשר הספירות.

פרט לזוג, שבו כבר קיימת מערכת יחסים משותפת בין שני אנשים (לדוגמה, בעל ואישה, זוג לטווח ארוך, נשוי או חי באיחוד אזרחי), אנו ממליצים לחברי הצוותים להיות בני אותו מין בלבד, מופרדים לגברים ולנשים, על מנת לנסות להימנע ככל האפשר מכל אי-הנוחות בשל נושאים רומנטיים או בעיות מין, אשר יכולות להפריע לפרויקטים רוחניים. המלצה זו, שמציגה צניעות וענווה, היא צעד בריא, פשוט ולא יומרני, אשר יכול לעזור לנו להשיג תוצאות רוחניות מהירות יותר. יש להבהיר, שבהתאם לגיל של היחידים או חברי הקבוצה, למשל קשישים, אפשר ליצור קבוצות הכוללות את שני המינים. בחברה שלנו יש הרבה קבוצות ללא כוונות רווח המנוהלות באופן מושלם על ידי אחד או שני אנשים, שותפים לפעולה רוחנית.

המטרה הסופית הרוחנית של הקבוצה היא להיות מחוברת כגוף יחיד ונשמה משותפת אחת, הרבה יותר גדולה מזו של כל אחד מהיחידים, שכוללת את כולם, שבה כולנו מודעים למזוג ולאיחוד. כשמגיעים למצב זה, האור הרוחני האינסופי יזרום בקרב כל חברי הקבוצה ללא כל מגבלות או חריגות.

כדי שהיחיד יבין מה קורה בחייו, יראה בבירור ויתעלה בצורה חיובית על המציאות של העולם הסובב אותו, הוא חייב לנצל את הקבוצה כבמה שבה

כל הרצונות שלו ושל הקבוצה נחשפים. הקבוצה אמורה לספק לנו את היכולת שלה להעלות ולהאיר את הצורך או את הרצון הרדום בתוך כל אחד מאתנו.

זו הסיבה שהשפעת הקבוצה או החברה על האדם היא החשובה ביותר להתפתחותו, הן הרוחנית והן החברתית.

כפי שאמרנו בפרקים קודמים, אנחנו שבויים של החברה בה אנו חיים. אם אדם נמצא במפעל "מזיק" או "פוגעני", או כזה שהשפעתו אינה מועילה לו, התוצאות תהיינה מאותה האיכות. אם יש לנו את המזל והיכולת לבחור, להצטרף או להקיף את עצמנו באוסף של אנשים מודעים ל"נקודות שבלב" שלהם עם אינטרסים רוחניים כמו שלנו, התוצאות של ההתקדמות הרוחנית שלנו תהיינה חיוביות.

השאלה היא, האם ניתן להקים קבוצה רוחנית וירטואלית בעידן זה, כאשר האינטרנט הוא חלק בלתי נפרד מהחיים שלנו, שבו אלפי יישומים כמו הרשת החברתית פייסבוק מקבצים אנשים וקהילות יחד? הבסיס של קבוצה הינו המיזוג הישיר והאיחוד בין חבריה, מה שדורש, באופן מועדף, את הנוכחות הפיזית של היחיד. אחרי שהשותפות ממוסדת ופועלת, יחסי הגומלין הווירטואליים מאפשרים לקדם היבטים רבים של הפרויקט הרוחני.

ליחיד מומלץ להישאר במעגל I עד שיתחילו להופיע סימני התקדמות של המציאות הרוחנית שלו, כגון עלייה ברמת ההשפעה הבסיסית ביחסים הרוחניים שלו.

## מעגל II: עשייה רוחנית, התקדמות והערכה

מעגל II הכולל עשייה רוחנית, התקדמות והערכה נוגע ליחיד שמתחיל לשקף את עצמות הבורא ביחסים הרוחניים שלו עם בן זוגו, משפחתו וקהילתו. היחיד כבר מראה התגלות מסוימת של המערכת הרוחנית בתוכו.

המעגל הזה כולל את הישויות הבאות:

1. מעגל I (**מ1'**)
2. פרויקטים/יצירות רוחניות (**פי"ר**)
3. המוטבים של היצירה הרוחנית, הזולת (**מ"ז**)

אנחנו מגיעים למעגל הזה לאחר שהמעגל הראשון כבר הוקם וכעת הוא חלק ממעגל II. כפי שהזכרנו קודם, לפעמים האדם שנמצא במעגל II צריך לבצע פעילויות במעגל I.

מעגל II כולל את השלבים הסופיים במערכת, שיש לחזור עליהם ללא הרף, עד להגעה לרמה הגבוהה ביותר של רוחניות - המצב בו נשמתו של האדם מתוקנת לחלוטין וחוק השתוות הצורה הינו מוחלט: סוף התיקון שלנו.

## המדריך ליחסים בין הישויות במעגל II

הישויות במעגל II קשורות זו לזו באמצעות אירועים ופעילויות באופן הבא (איור 5):

- אחד (1) מעגל I יכול להשתתף בהרבה (N) פרויקטים רוחניים

  (מערכת יחסים של 1 ← N)

- אחד (1) מעגל I יכול להטיב עם אנשים רבים

  (מערכת יחסים של 1 ← N)

אחד (1) יצירה/פרויקט רוחני יכול להטיב עם אנשים שונים.

במקביל אדם אחד (1) יכול לקבל הטבות מפרויקטים רוחניים

שונים

(מערכת יחסים של M ← → N)

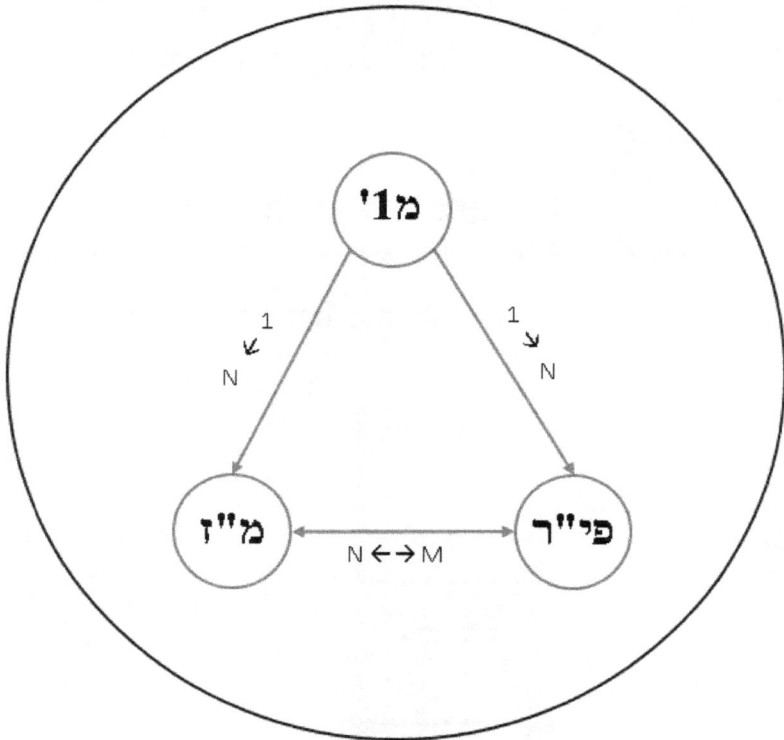

מעגל II

איור 5

הישויות במעגל II הם אלה שנותנות לנו את המידע להשגת פרויקטים או
עבודות רוחניות.

בתוך מעגל II מתרחשות פעילויות שאנחנו צריכים להשלים, כדי למדוד
את ההתקדמות הרוחנית שלנו, להעריך את ההשפעה שלנו על הזולת,

להרהר על מנת לשמור על הרמה הרוחנית הנוכחית שלנו ולתקן את הפרטים הדרושים לצמיחה מתמשכת.

תרשים, המראה את הפעילויות במעגל II, מוצג בהמשך.

## תרשים זרימה פעילות מעגל II

להלן תרשים זרימה המראה את הפעילויות של כל הישויות במעגל II ואיך המודל הרוחני שלנו עובד.

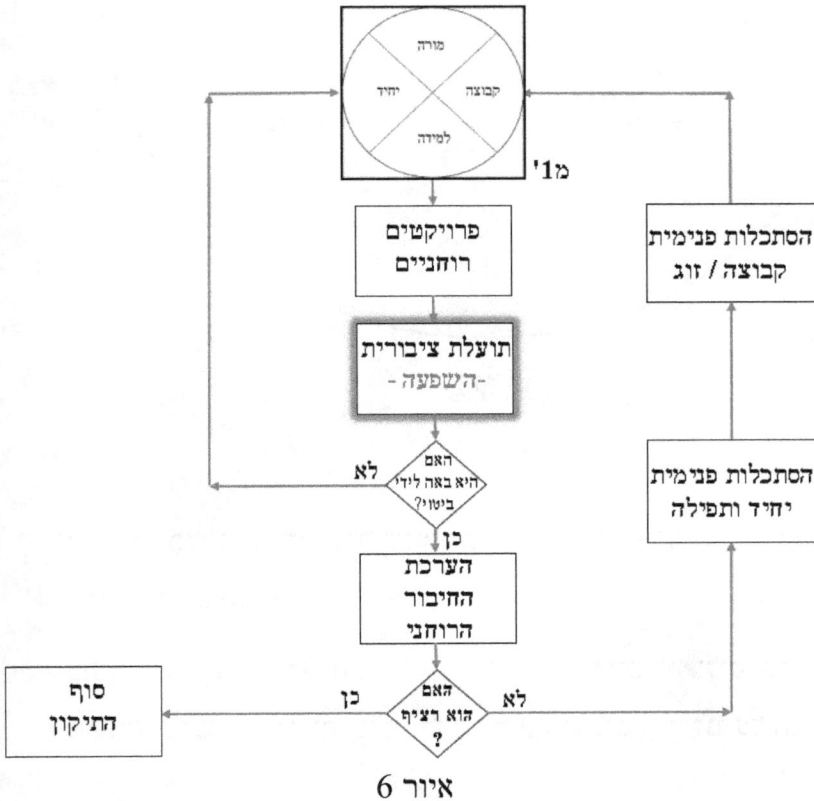

איור 6

125

באיור 7 אנו מציגים סיכום הישויות במעגל II המסנתז את האיור 6.

פרוייקטים
רוחניים

הערכת
חיבור רוחנית

מורה

יחיד   קבוצה

למידה

ביטוי
רוחני

הסתכלות פנימית
של יחיד והקבוצה

ישויות של המעגל ה-II

איור 7

## ביטוי עצמות הבורא בנו

כאשר המציאות הרוחנית שלנו באה לידי ביטוי בצורה של השפעה, מסירות ועזרה, בין אם זה ביחיד, עם בן זוג או בצוות, האדם חווה תחושת סיפוק. אנחנו יכולים לראות ולהבין שאנחנו משפיעים ועושים דברים תוך מסירות ברורה לסביבתנו, כלומר, מסירות לאחרים ולסביבה החברתית. ייתכן שיש לנו מניע של נוחות אישית או רצון להרוויח על ידי השפעה ונתינה מעצמינו, אבל זה לא משנה. הדבר החשוב הוא שאנחנו יכולים לעזור ולתרום לעשייה רוחנית.

קיימות שתי רמות של השפעה או מסירות:

א.  רצון להשפיע או רצון להיות בעל עניין בהשפעה, ו-

ב.  להשפיע, לתת, לספק, לעזור גרידא, לעשות את הדבר הנכון, את המתבקש, את הנדרש, ברמה גבוהה יותר, ברמת אהבה לזולת.

לפעמים המסלול הדרוש כדי לעלות, כולל חזרה לתחילת הרמה שאליה כבר הגענו. השלב בו אנו מוצאים את עצמנו עכשיו נקרא "העולם הזה", הנקודה הבאה נקראת "העולם הבא או עולם עליון", כלומר: המקום בו אנו נמצאים היום + צעד אחד = העולם הבא או העולם העליון.

אחת מנקודות המפתח עבור מישהו שמפגין את ההיבט הרוחני שלו, היא לשמור על קצב ההתקדמות הרוחנית שלו, באופן שהאור יזרח ברציפות. לפעמים אנחנו מרגישים שאנחנו מחוברים לאנרגיה גבוהה יותר או לאור, אשר גורמים לנו להרגיש שלווה ואושר, אבל כל זה נמוג במהירות ואנחנו

שוב "מנותקים". במקרים כאלה נצטרך להמשיך להיות פעילים במעגל I, במקביל להתבוננות או הסתכלות פנימית והערכת הרוחניות שלנו.

## התבוננות פנימית והתאמת היחיד לבורא בתוך עצמו

כאשר האדם משיג התקדמות ברמה הרוחנית שלו, השלב הבא הוא התבוננות פנימית על התקדמותו (או התדרדרותו) באמצעות לימוד, מחשבה ולעתים גם תפילה.

אנו אמרים שהטבע הוא כולו ידע ושהוא "לבוש" או מיוצג בחומר, כלומר, האור עצמו, "מתורגם" למשהו פיזי ומוחשי שהוא מדיד.

הטבע הוא החלק הפנימי של היחיד שמועתק מבחוץ ומתבטא בו. השותף הרוחני או הקבוצה הופכים גם הם לחלק מהטבע דרך עבודתם הרוחנית והפרויקטים שלהם.

התבוננות רוחנית פנימית ברמת הזוג ו/או הקבוצה באה לידי ביטוי על ידי התאמת הרצונות שעדיין לא הגיעו להגדרה ברורה. הרצונות שניתן לפתור אותם בדרך הטובה והגבוהה ביותר, מאשר אלה שאנחנו עדיין עובדים איתן.

התבוננות רוחנית פנימית מושגת על ידי שמירה על כנות עם עצמנו ועם השותף או הקבוצה שלנו. עלינו להבהיר ולהאיר פרטים חשובים מבלי לפגוע או להתעלל במישהו המעורב בפרויקט הרוחני, תוך דאגה רגשית וחברתית מופלגת. אין צורך להיות כפוף לאיש או להיות צבוע או בעל

פנים כפולות או לשקר. אנחנו צריכים להיות אמתיים ואותנטיים באומץ ובטקט.

באותו אופן וכחלק מההתאמות הנדרשות, עלינו לשקול את התיאום הלוגיסטי והארגוני של אירועים ומצבים הקשורים לעשיה רוחנית של קבוצה או זוג.

מיותר לציין, כי התבוננות פנימית קשורה גם ליחסי גומלין חברתיים, שכליים, פוליטיים וכלכליים של זוג או קבוצה.

לבסוף, אבל הכרחית, התפילה. אם ביחיד או בקבוצה, כל תפילה מהווה חלק מהמערכת הרוחנית בתהליך ההתבוננות הפנימית האישית והקבוצתית.

## הערכת הקשר הרוחני

עלינו לבחון את השפעתנו על אנשים ועל הסביבה. בהערכה זו אנו מכמתים את האיכות והכמות של "ניצוצות" עצמות הבורא הזוהרת בתוכנו.

חשוב להעריך את הרמה הרוחנית של האדם או את השפעתו. עשיית עבודה רוחנית גורמת לנו להרגיש מלאים ומסופקים. תחושה זו באה לידי ביטוי בכלי של האדם, משום שהכלי מגביר את יכולת הקליטה הרוחנית שלו. כלי גדול יותר מרחיב גם את הרצונות, בקיצור, אנחנו גדלים מבחינה רוחנית.

היחיד חייב להמשיך עד השלמת תיקון מוחלט של נשמתו.

אנחנו עולים לרמה רוחנית בהתאם לשינויים הפנימיים המתרחשים בתוכנו. שינויים חיצוניים אינם פועלים, כי כפי שראינו, כל דבר חיצוני הוא שקר והונאה, קיימים שינויים פנימיים בלבד.

לפעמים מתרחשות ירידות בהתפתחות הרוחנית של היחיד, ואם זה קורה לנו, עלינו למצוא במהירות את המסלול האבוד שוב באמצעות פנייה, ערעור ותפילה לרווחתנו הרוחנית וכל מה ש"ישראל".

לימוד המערכת הרוחנית מפעיל כוח על האדם. הכוח הוא האור, אשר פועל על החומר הרוחני של היחיד. הכוח הזה אינו נמצא בתוכינו, הוא "חיצוני" לנו, בגלל זה אנחנו קוראים לו "כוח נסתר". כפי שכבר הזכרנו, כאשר האור הרוחני מגיע מעל דבר מה מוסתר, הוא "מאיר" עליו והמוסתר הופך לגלוי. כשמשהו שלא התבטא קודם הופך לברור, פירוש הדבר הוא שעלינו רמה. עכשיו אנחנו יכולים למדוד אותו ולתת לו ערכה.

כל עוד אנחנו קיימים, בעלי מודעות, מבינים ומפנימים את הצורה הרוחנית (רצון), אנו מגלים שהפעלנו את הבורא שבתוכנו, שבא לידי ביטוי ברצון זה. אנחנו אומרים שהרצון היה סמוי, כי הוא תמיד היה בתוכנו, אבל האור הרוחני טרם האיר עליו.

למרבה הצער, לעתים קרובות אנחנו מחמיצים הזדמנויות רבות לצמיחה רוחנית, בין אם בגלל שאנחנו לא מודעים אליהן באותם הרגעים, לבין בגלל שאנחנו לא מבינים את הצורה הרוחנית החדשה. רצון סמוי מיושם עכשיו והנשמה שלנו לובשת באמצעותו "בגד" או "לבוש" חדש. כאשר אנחנו מחמיצים הזדמנויות, אנחנו מתחילים לצבור עיכובים או ירידה

בכמות האור הרוחני הדרוש שבתוכנו. במילים אחרות, הרצונות שלנו נשארים רחוקים מלהיות פתורים, ללא האור הרוחני שיוכל להאיר אותם. חבל לתת להם לחמוק זו אחר זו, בלי להבין אותם, וכך להתרחק מלזהור כבורא.

עיכוב זה, שמצטבר לאורך זמן (מאות או אלפי שנים), מתורגם באיסורים, הפרות, אופוזיציות, מכשולים, הגבלות, צנזורה ו"מכות". המכות יכולות להיות פסיכולוגיות (בלבול, דיסוציאציה, סכיזופרניה וכו') או פיזיות (כל סוגי מחלות, מלחמות, אי יציבות חברתית וגם מוות).

## תוצאה ותרגול של המודל הרוחני

קיימים שלושה גורמים בסיסיים שיש לזכור כדי להעריך את התוצאה והביטוי של הצמיחה הרוחנית. להלן הפירוט:

1) הרמה הרוחנית של האדם, הקבוצה, או של בני הזוג,

2) המקבלים או המוטבים הישירים של הפרויקט,

ו...

3) הצרכים והרצונות המסופקים באמצעות הפרויקט הרוחני.

זו נוסחה המודדת את השפעתנו, המורכבת משלושה גורמים. כל גורם מכפיל את הבא אחריו ומניב תוצאה.

נוסחת ההשפעה

איור 8

הבורא, שהוא "אחד, ייחודי ובלתי משתנה", הינו בעל השפעה מקסימלית. התוצאה המקסימלית טמונה בו, ואני אומר זאת בלשון המעטה.

## רמה רוחנית

כשאני אומר רמה רוחנית, אני מתכוון לזו של אדם, זוג או קבוצה. לכל ישות יש כלי רוחני. גודלו של הכלי הוא הרמה הרוחנית.

השגת התקדמות רוחנית אינה מספיקה כדי לשמור עליה. היא מושגת כתוצאה מיחסים רוחניים בינינו לבין אדם אחר או אנשים אחרים והיא צריכה להיות מתמשכת וקבועה. למרות שאנו חווים עליות ומורדות קטנות, נמשיך להיות מודעים לכך שהגענו ל"עולם חדש" עם מותרות של פרטים ועוצמה בכל רגע שבעבר לא נעצרנו לחוות.

132

יכול להיות מצב, שלמרות היותנו מעורבים באופן מלא בפעילות ופיתוח
של המערכת הרוחנית בנו, אנחנו עלולים לעשות משהו שיגרום לנו לאבד
את הרמה שהשגנו. אנחנו נבחין בהבדל בבירור. מניסיון אישי, אני יכול
לומר שהחזרה לרמה גבוהה יותר, שכבר היינו בה, מתרחשת מהר יותר,
מאשר ההגעה לרמה הזו בפעם הראשונה. תיקון זה דורש התבוננות
פנימית בתוך עצמינו. זה חיוני לזהות את הפעולה או את המעשה,
שלדברינו הפחיתה את כושר הבירור וההשפעה שלנו. אחרי ש"הירידה"
מופנמת, נוכל במהירות לשחזר את הרמה הקודמת. אנחנו נמשיך בעשיית
עבודתנו הרוחנית שתחזיר אותנו לרמה שבה היינו ואולי אפילו תעזור לנו
להגיע לרמה גבוהה יותר ומעודנת יותר.

ההמשכיות נמדדת במונחים של ימים, שבועות, חודשים וכו'. עם
התקדמות רוחנית צנועה, המורגשת ללא הרף ובאופן מתמשך, אנחנו נוכל
להעריך את המצב הרוחני שלנו ואת הקשר הרוחני שלנו.

## מוטבים ומקבלי העשייה הרוחנית

המוטבים, ומקבלי העשייה של הפרויקט הרוחני הם גורם יסודי בתוצאה.

"מוטבים", ואני כותב את זה במרכאות, כי אלה שמבצעים את הפרויקט
הרוחני, ללא ספק גם נהנים רוחנית במידה רבה, על ידי עצם העזרה
וההשפעה על אחרים.

קיימים מוטבים או נהנים ישירים ועקיפים. אנחנו לא נכנס להגדרה של סוגי המקבלים, אבל הרעיון הוא שהם קיימים והם מבטאים סוג מסוים של "רווח" מהעשייה הרוחנית.

במונחים מוחלטים, מדובר באחד הגורמים הכפולים בנוסחה שלנו, ככל שיש יותר נהנים ישירים, כך התוצאה טובה יותר.

אבל חשוב להבהיר כי מספר האנשים הנהנים קשור ישירות לאיכות התוכן של הפרויקט הרוחני. לפעמים, עזרה לאדם בודד בצורך, היא שוות ערך או אפילו יותר גדולה מאשר עזרה במסגרת פרויקט שמטיב לעשרה אנשים עם צרכים או רצונות אחרים.

## סיפוק צרכים או רצונות

הרצונות או הצרכים שמסופקים על ידי העשייה הרוחנית מהווים גורם יסודי נוסף בנוסחה לחישוב התוצאה הרוחנית. ככל שיש יותר רצונות מסופקים עבור אדם או קבוצה, כך התוצאה טובה יותר.

עבור גורם זה עלינו להבהיר כי, כפי שהוזכר לעיל, בהתאם לסוג הרצון או הצורך, בנוסף להיקפו או סדר גודלו, בנסיבות מסוימות, סיפוק צורך או רצון אחד יכול לייצר תוצאה זהה בגודלה או אף גדולה יותר מאשר סיפוק של כמה צרכים או רצונות ביחד.

מקדם זה יכול להשתנות מאדם לאדם והצרכים או הרצונות שלהם יכולים להיות בעלי משקל שונה או חשיבות שונה.

# פרק 9. נקודות מבט על המודל הרוחני

כדי להסביר ולפתח כמה נקודות במודל הרוחני המוצע, נציג שלוש נקודות מבט שונות:

1. נקודת המבט הטקטית
2. הדרך לשינוי
3. מציאת משמעות לטווח ארוך והשלכותיה המכריעות

כדי להקל על ההבנה, נשתמש במונחים רוחניים פשוטים ונדון על נקודות מבט אלו באמצעות שאלות ותשובות.

## 1) נקודת המבט הטקטית

א) *כיצד ניתן לגלות ולהבין את המודל הרוחני על ידי ביצוע פעילויות במעגלים המתוארים בפרק הקודם?*

הצעדים במודל הרוחני הם פשוטים יחסית, אך כל אחד מהם דורש פעילויות שונות שיש לבצע לבד, ביחסים בינאריים עם בן הזוג או על ידי היחיד בקשר לחברה עצמה.

יש אומרים, כי כאשר התלמיד מוכן, המורה יגיע. ניתן להתחיל את התהליך פשוט על ידי קריאת ספר על רוחניות (זה יכול להיות הספר הזה שהינך קורא/קוראת עכשיו) אשר מעורר סקרנות באדם ומפעיל את "הנקודה שבלב". מהנקודה הזו הקורא, בעזרתו של המנהיג ו/או חברי

הקבוצה יוכל להתחיל לחפש טקסטים נוספים על הנושא, על מנת למצוא תשובות לצרכים ורצונות הרוחניים שלו בהדרגה.

בדיוק כמו המערכות הפיזיות והפיזיולוגיות בגוף האדם, המערכת הרוחנית של האדם חייבת להיות מוזנת ומתוחזקת בדרך נכונה.

כאשר הרוחניות חדורה בתוך מודעות האדם והוא לומד לנהל את המערכת הרוחנית שלו, האנרגיה הנגזרת ממנו, מושכת יותר אנשים שעוברים מצבים דומים או מצבים משלימים, מה שיעזור להם להבין ולבצע את הפעילות הרוחנית שלהם, עד שתהיה להם השפעה על אחרים.

ב)  *מי צריך להיות המנהיג או המורה שלי?*

הסביבה הרוחנית להתפתחותו של היחיד צריכה להיות מורכבת ממורה או מנהיג, קבוצה של חברים רוחניים, ספרים ולמידה. עלינו להדגיש, כי בחירת הסביבה שלנו, היא בעלת חשיבות עליונה לצמיחה רוחנית. חיי היומיום של היחיד צריכים להיות ממוסגרים על ידי סביבה רוחנית חיובית, שמעשי חסד כלפי אחרים משלימים אותה.

המורה והמנהיג הוא מישהו שמלמד אדם לשלוט בקיבולת האהבה והמסירות, תוך שימוש בחומרי הגלם הגלומים בתוך אותו היחיד. המורה הוא האדם שעוזר לנו להציג את הידע של הרוחניות. כאשר מגיע הזמן לבחור את המנהיג שלנו, עלינו לשים לב וללמוד להקשיב לרצונות של הלב שלנו. כאשר אנו מודעים למציאות שלנו ונוכחים בה, הלב מתבטא בבירור. אף אחד לא צריך להתערב או להשפיע על ההחלטות שלנו.

התלמיד חייב להיות מסוגל להתחבר למורה, כפי שעובר מחובר לאם. אם התקשרות הזו אינה מתרחשת, לא תהיה אפשרות להתקדם ומוטב שהתלמיד ימצא מורה אחר.

על התלמיד להיות אחראי ולהתמסר ללימודים. למרות שהתלמיד יכול להיות מאוד אינטליגנטי ובעל יכולות רבות, אם הוא לא שוקד על הלימודים, או מתרשל, או אינו עוקב אחר רוחו של המורה במדויק, יהיה לו קשה מאוד להגיע לכל הגשמה רוחנית.

ואם אנחנו באמת רוצים להתקדם מבחינה רוחנית, הדרך הטובה ביותר היא לבטוח בעצמנו. אנחנו צריכים לבחור את מקור הידע עבור עצמנו. כל אחד מאיתנו חייב לבחור, באופן עצמאי וללא כל לחץ, את המורה או המנהיג העונה על השאלות שלנו, על הציפיות שלנו, וכמובן, מורה שמסוגל להדריך אותנו בדרך לצמיחה רוחנית.

לאחר בחירת המנהיג או המורה, אנו מחויבים לקבל רק את ההוראה הרוחנית שלו ולא לשים לב לאף אחד אחר. אחרי הכל, אנחנו הולכים להתפתח רוחנית וזה לא יעיל עבור האדם לשמוע הוראות סותרות במהלך הצמיחה הרוחנית שלו.

ג) *האם קיימת שיטה מסוימת להשלים את הפעילות הבינאישית של המודל הרוחני?*

רוב היחסים הבינאישיים מורכבים, ביסודו של דבר, ממערכת יחסים ברמה השכלית, חברתית, כלכלית ולעתים גם רגשית.

137

בדרך כלל, מתרחשים יחסי גומלין בין שני מוחות, מבלי שמתקיים ביניהם שיתוף או התקשורת ברמה רוחנית. סוג זה של הדדיות יוצר קונפליקט ביחסים. כאשר המוח והחשיבה המנתחת שולטים בנו, הבעיות אינן נשארות מאחור.

כאשר אנו מודעים לגוף ולתודעה שלנו, ללא השפעת רגשות העבר או ציפיות לעתיד, עם תודעה "נקייה", ברגע בו אנו חיים, אז היחסים הבינאישיים שלנו והפרויקטים הרוחניים שלנו יוכלו לפרוח.

ז) *כיצד כדאי לבחור קבוצה רוחנית, בן זוג או חבר נפש?*

אין כללים קבועים מראש לבחירת קבוצת חברים רוחניים או חבר רוחני. זה משתנה מתרבות לתרבות וממדינה למדינה, בהתאם למנטליות והמנהגים של המקום. הבחירה משתנה גם בהתאם למעמד חברתי-כלכלי, מגדר, חינוך ורמת שוויון בחברה בה אנו חיים. בחירת קבוצת גברים בלבד, נשים בלבד, תערובת... והרבה גורמים אחרים, יכולה להשפיע על התוצאה.

לפעמים זה רעיון טוב לעשות תרגול פסיכולוגי עם מומחים שמזהים במהירות סוגים שונים של בני אדם, על מנת לאפשר לסווג אותם ולחלק אותם לקבוצות תואמות.

הדבר העיקרי בעת בחירת חבר רוחני או בן זוג, הוא העובדה שהם כבר מודעים ל"נקודה שלהם שבלב" או קרובים לביטוי ולהכרה בכך. בהיותנו בהכרה לגבי ההווה שלנו אנו יכולים לדמיין בבירור את האיחוד עם

השותף שלנו, כך שכל פעילות שנבצע כל הזמן תשמר ותעלה את הרמה הרוחנית שלנו. בדרך זו, עם כל צעד ועם כל אירוע משותף, היחסים הרוחניים נעשים מעודנים יותר ויותר, כמו התאמת המיקוד במשקפת, עד שהם יימצאו על הנתיב למציאות רוחנית אחת, חולקים את החוויה יחד. חשוב להבהיר כי אם כבר קיימת זוגיות רוחנית מבוססת, היא לא מחייבת את בני הזוג להימצא ביחד כל הזמן באופן פיזי. הפרויקט הרוחני המשותף קיים וממשיך להתפתח כפי שעבדו עליו, למרות שהאנשים אינם נמצאים ביחד פיזית. הדבר נכון גם לגבי האנשים שמתקשרים באמצעות טלפון, אינטרנט, רשתות חברתיות או תוך שימוש בישומון בטלפונים חכמים בזמן אמת.

כאשר אנשים מוצאים עצמם בקבוצה רוחנית, חשוב להדגיש כי הלימוד המשותף - תלמידים ומורה - צריך להתרחש במקום מסוים. בדיוק כמו שהעובר מבודד בתוך רחם האם: נשמת האדם בתהליך צמיחה ופיתוח רוחניים, צריכה להימצא במקום מוגן ושמור. אנחנו צריכים להיות מוקפים באהבה, תשומת לב וטיפול כמו תינוק. יש ליצור אווירה בריאה סביבנו.

היות שהתלמידים טרם הגיעו לכל הגילויים על המערכת הרוחנית, אין להם הבנה ברורה מאוד של מה שקורה. הם מרגישים שהם מושלכים הלוך ושוב ממצב אחד למשנהו, שברירי ידע, עם תיאוריות חדשות ומושגים חדשים על המערכת הרוחנית שבתוכם.

במהלך תהליך ה"בנייה" אנו נחשפים למצבים לא יציבים ואף, מדי פעם, נדיפים. נוכל להשוות את הרגשות האלה לתיבת נוח, שבו נח, משפחתו וכל בעלי החיים חיו מבודדים במשך שנה שלמה, עד שהמים ירדו, התיבה ירדה על הר אררט והם יצאו אל היבשה.

כתוצאה מכך, אנחנו לא צריכים לחשוף את עצמנו לגורמים חיצוניים, למעט למנהיג הקהילה הרוחנית שלנו.

*ה) האם קיימות שיטות או אסטרטגיות המבוססות על המודל הרוחני, שאנו יכולים להשתמש בהן, כדי שנוכל במודעות ובנוכחות לנהל את ההווה נכון ולחיות את העכשיו בצורה המיטבית?*

הגעה למצב של מודעות תוך התמקדות בהווה, פירושה להיות מודע לעצמך, לקיומך ולצרכים של הזולת.

קיימות שיטות שונות לניהול האגו שלנו, כך שהוא לא ישתלט על המוח שלנו. בהתחשב באפשרות המינימלית שזה יקרה, יש להתגבר מיד על הסכנה, שכן אנו מסתכנים בשקיעה בדיכאון, שנגרמת על ידי המוח והאגו שלנו וזה יטביע אותנו ויוביל להרס.

השיטות המשמשות להגעה למצב הנוכחות ולשמירה עליו משתנות ותלויות במה שעובד או נוח ביותר עבור כל יחיד.

# 2) הדרך לשינוי

*א) אם אנו עוקבים אחר הפעילויות של המודל הרוחני, האם מתרחש שינוי כלשהו ביחיד או בקבוצה, כאשר מתגלה המערכת הרוחנית?*

הצעדים והפעילויות משפיעים על האופן שבו היחיד מתנהג לבדו, בשותפות או בקבוצה. לכל אחד מאיתנו יש חזון משלו על העולם בו אנו חיים. אנו תופסים את העולם אחרת בכל פעם וכאשר אנו משנים את התכונות והמאפיינים של התפיסה הרוחנית, אנו מכירים בכך שהשינוי האישי הוא הכרחי ולא העולם הוא שדורש שינוי.

הכוח הרוחני המתקבל כאשר אנו מצטרפים לקבוצה של אנשים בפרויקט רוחני, מעניק לנו את המשאבים ואת היכולת לחולל תיקון בעולם. אין כוח חזק או גדול יותר מאחדות רוחנית.

*ב)   איך נוכל להניע ולעורר השראה אצל אחרים?*

ביסודו של דבר, עלינו לקבל את עצמנו כמו שאנחנו. כאשר יתקבלו ויופנמו: הקשרים שלנו עם אחרים, הבנה הדדית, ערבות ותלות הדדית אז כל אחת מהאיכויות שלנו (שאפתנות, עצלות, טוב לב, אהדה וכו') תופעלנה לטובה.

כל הרצונות או המאפיינים שלנו – כגון השגה של משהו, קנאה במישהו, אנרגטיות או עצלות, משחק הוגן או רמאות – כל אלה הם דחפים פנימיים הטמונים בתוכנו והם חלק בלתי נפרד מהמרקם האישי שלנו. תיקון או העברת ביקורת עליהם אינם עוזרים כלל, כי למרות שהם עשויים להיות מטופלים ומונחים בצד באופן זמני, בסופו של דבר הם יעלו שוב אל פני השטח.

141

הקבוצה גדלה מבחינה רוחנית פשוט כאשר קיימת כוונה והתלהבות להשלים פרויקט רוחני, קיים רצון להתקרב לאחרים ולהתלכד בהרמוניה מתואמת פנימית בקבוצה, תוך חיבור המאפיינים או התכונות של כל אחד מחברי הקבוצה. רוב הרצונות שלנו, ברגע שהם מצטרפים לרצונות הקבוצה, מתאימים באופן כזה שהאיכויות החשובות ביותר לפרויקט הרוחני ולתועלת הקבוצה, מטופלים בעדיפות.

העובדה שהכלי של הקבוצה יכול עכשיו לטפל ברצונות, אשר בעבר אדם בודד לא יכול היה אפילו לשקול לטפל בהן, מהווה מקור מוטיבציה והשראה לכולם.

*ג) איך נוכל לדעת שהרוחניות שלנו פעילה, מתקדמת ומגיעה כל פעם לרמות השפעה בעוצמה גבוהה יותר?*

צמיחה רוחנית פירושה הגדלת הרגישות שלנו והגדלת ההזדהות הפנימית שלנו עם הרצונות שלנו. המערכת הרוחנית נמדדת על ידי האיכות והעוצמה שלה, לא על ידי הכמות שלה. במילים אחרות, ככל שאנו מתקדמים לרמה רוחנית עוצמתית יותר, כל החוויות הופכות לחדות יותר ומעודנות יותר.

אנו לא הופכים חזקים יותר או רגישים יותר, אלא נהנים מיכולת תצפית שרגישה יותר לדברים, החודרת עמוק יותר ובוחנת ביתר שאת. כמו כן, אם בעבר לא הרגשנו דבר, עכשיו אנו מתחילים לתפוס תכונות ואירועים חדשים שלא ציפינו להם ושלא היינו מתמקדים בהם, מבלי לפרט אותם,

או להבין אותם מבלי להשיג יתרון כלשהו בזכותם. בהיותנו נדהמים ממשהו שמתרחש אנו מתחילים לחוות תחושה של "הו!" ו-"אהה!"

הרעיון הוא שבאמצעות התקדמות בהבנת המערכת הרוחנית נהיה מסוגלים להמשיך להתעמק יותר ויותר, להכיר ולפשט את התכונות הפנימיות שלנו יותר ויותר, ולנתח את העולם סביבנו ביתר פירוט.

הכלי של כל אדם שמתקדם ברוחניות מתרחב ומתחיל לחשוף דברים חדשים ולקבל מודעות לעולם הסובב אותנו. חלק מהכלי של האדם נרקם עם הכלים של חברי הקבוצה הרוחנית על מנת לכלול עוד ועוד אנשים (אם כי הם עדיין לא שייכים לקבוצה), עד שהם מכסים את כל המציאות שלנו. בדרך זו אנו מצלחים להשפיע באופן הדדי על כל אדם ועל כל אחד מעולמו, עד שאנו יוצרים מערכת של עולמות חיצוניים מחוברים בתוך רשת פנימית של נשמות, אשר יכולה להתנהג כמו נשמה אחת גדולה וחזקה יותר.

*ד) האם אהבה במערכת יחסים רוחנית עוזרת לנו לשנות את הסוג והמשמעות של היחסים האינטימיים שלנו כזוג?*

בקשר רוחני, יחסי מין אינטימיים בין שני אנשים הופכים לביטוי פיזיולוגי של ההרמוניה הזו. אם אין קשר רוחני, אין תמריץ או מניע לחיבור פיזי. זה יהיה רק גירוי הורמונלי או סתם משיכה ארוטית.

למה אנחנו מרגישים מאושרים כשקיימת אהבה בין בני הזוג? מה אנחנו מקבלים שגורם לנו לחייך? המציאות היא שאנחנו לא מקבלים שום דבר,

אבל מה שעושה אותנו מאושרים, זה בהחלט להיות מסוגלים לאהוב ולתת לאחר.

השורש הרוחני של מין, הוא הזדהות הנשמה עם עצמות הבורא. זוהי המטרה הסופית של הטבע. המין, התענוג הגופני המרבי בעולם הזה, הוא שורש כל הרצונות שלנו. כולנו רוצים להגיע לאיחוד הפיזי הזה, כי הרי, נוצרנו על ידי איחוד ההורים. בעולם הרוחני, המין מייצג איחוד של רצונות מנוגדים, עם רצון הדדי של מתן הנאה פיזית לאחר.

חווית ההנאה שנוצרת בקשר מיני-רוחני שלנו ביחד, היא המצב היחיד שבו אנו מוצאים הנאה אמיתית, מתמשכת, אשר משנה את הזוג.

ליחסי מין בודדים אין זיכרון. ברגע שהמעשה המיני נגמר לא נוכל לתאר או לזכור את התחושה, עד הפעם הבאה שנהיה מעורבים במעשה כזה. הדבר היחיד שנותר הוא החיבור הרוחני של בני הזוג.

ה) *האם קשר עם טקסטים מקודשים מסייע לנו להפוך לאנשים בעלי רגישות רוחנית גבוהה יותר?*

קריאת טקסט מקודש מחדדת את תפיסת העולם הרוחני של היחיד. באופן כללי, אי אפשר להפנים טקסטים אלה באמצעות המוח. ניתן להבין וליישם אותם רק באמצעות תיקון הנשמה. הפרשנויות שנכתבו על ידי חכמי הקבלה עוזרות לתלמידים לגלות את הכתוב בטקסטים ולמשוך את האור הרוחני.

באופן פרדוקסלי, אי אפשר לגלות את העולם הרוחני עד שנהיה מסוגלים לתפוס ולהבין אותו בתוך הנשמה שלנו. בשורש הדבר, הלמידה היא הדרך להבין כיצד העולם הרוחני נבנה בתוכנו, איך הכלי שלנו והאור בתוכו עובדים, או איך האור "מלביש" את הכלי.

על ידי לימוד טקסטים מקודשים אנו מקבלים את האור הרוחני שמסייע לנו לתקן ולשפר את הנשמה שלנו. ברגע שהאור מתקבל ומתחיל גילוי האירועים שנדונים בספר הזוהר, הנשמה עצמה מתחילה ללמד ולהדריך אותנו.

ו)    *האם לימוד המערכת הרוחנית ויישום ערבות הדדית יעזור לנו*
      *לשרוד ולשנות את העולם הנוכחי?*

גלובליזציה, אינטרנט, טלפונים חכמים והתקדמות טכנולוגית אחרת, הממוסגרים בתוך מערכת קפיטליסטית, מובילים את העולם להיות בשליטת חברות או ישויות רב-לאומיות, המקובצות יחד בקרטלים או תאגידים בעלי עוצמה כלכלית, בהתאם לתחומים או התעשיות שהם מתמחים בהם (למשל, חברות פיננסיות, חברות ששולטות במזון, דלק, תרופות וכו').

מדינות ואומות מראות עצמן כבלתי מסוגלות להציע פתרונות מלאים ושירותים בסיסיים לעמם במאה ה-21. העמים מפגינים את חוסר שביעות הרצון שלהם עם אי-היכולת האדירה הזאת. קיימים תסמינים ברורים שכל מדינה ככלל, בתפיסתה הנוכחית נעלמת ואנו מתחילים לראות את ההרכב החדש של מדינה על-לאומית עם גבולות שאינם קיימים או משתנים.

האגו של האנושות נמצא בצמיחה מתמדת, והצמיחה הזו ממשיכה להפריד בינינו, לפצל אותנו, לפורר חברות ולהפוך כל אחד מאיתנו לגוף עצמאי, שמסוגל לחיות בכל מקום בעולם, ללא צורך להשתייך לכל חברה, קהילה או מדינה, או לסירוגין, ששייך לכולן בו זמנית.

הישרדותם של אנשים נוכח הפלישה התרבותית, החברתית והווירטואלית המאיימת על הזהות ועל המדינה, יכולה להיות מנוטרלת רק באמצעות יישום ערבות הדדית בקרב אנשים, אשר בתורם יביאו אותנו לידע ולהתקדמות במערכת הרוחנית. כאשר אנו שייכים לקהילה גלובלית מאוחדת שהמכנה המשותף הקטן ביותר שלה, הוא "הנקודה שבלב" של כל אחד מחבריה, נוכל לשנות את החברה העולמית.

ז)   *האם תפילה ומדיטציה עוזרות לנו להתקדם מבחינה רוחנית?*

כאשר אנו מתפללים אנו חושפים את הבורא בתוכנו, את תכונת הנתינה ואת התכונה האינסופית של ההשפעה שאנו נושאים בתוכנו. הקבלה מסבירה שהתפילה היא בקשה לתיקון שאנחנו לא מסוגלים לבצע בכוחות עצמינו.

במהלך התפילה אנו דורשים שהאור יתקן את כל מה שדרוש כדי שנוכל לקבל את מה שאנחנו רוצים. רמת ההתקדמות הרוחנית של האדם משפיעה על יעילות התפילה.

רבי יהודה אשלג אומר שחזרה מתמדת ונואשת על תפילות, כאשר אנחנו לא רואים תשובה לתפילות שלנו, בעצם מקרבת אותנו למצב של אושר,

כי, כתוצאה מתפילות מרובות ותחנונים רבים, נהיה סוף סוף ראויים להתחיל לבקש את עזרת הבורא בכנות.

יש לציין שתפילות אגואיסטיות אינן מושכות אור רוחני. יש להן רק השפעה פסיכולוגית מסוימת על האדם המתפלל.

מקור הטקסטים של התפילות הוא בספרי הקודש. תפילות אלה נכתבו בספרי תפילה שנקבעו על ידי החכמים. מעשה התפילה מקרב אותנו אל עצמות הבורא, למרות שאולי לא נבין מה כתוב. התוצאה של התפילה או הקריאה תלויה לחלוטין בקורא, לא בטקסט, ולא במחבר.

באשר למדיטציה, זוהי שיטה של ניתוח פנימי המבוססת על התבוננות על המאפיינים שלנו ועל כוונותינו. קיימות גישות רבות, סגנונות רבים, בתי ספר והדרכות על איך לעשות מדיטציה. בדתות רבות מדיטציה משתמשת באותיות, ביטויים או תמונות, והיא קשורה להרגעה ולשמירה על שיווי משקל רגשי או מטרות פסיכולוגיות אחרות.

הצורך להרגיש את היקום בתוכנו הוביל לשיטות מדיטציה המאפשרות לאדם "לעזוב" את החומר הפיזי מאחור ולהתעלות מעליו, או במילים אחרות, האדם חווה חוויה חוץ-גופית.

נושאי המדיטציה והתפילה צריכים להיות מטופלים בעומק רב יותר בטקסט נפרד.

ח) *כיצד השתייכות לקבוצה רוחנית מועילה לשינו הרוחני שלנו?*

ראשית, הצטרפות לקבוצה רוחנית מציעה הזדמנות לרכוש חברויות
חדשות בעולם הרוחניות.

האור הרוחני משפיע על כל אדם בקבוצה ומנטרל את הטבע האנוכי של
כל אחד באמצעות לימוד והתדיינות. במהלך הקשר בין אנשים שאצלם
"הנקודה שבלב" כבר התעוררה, אור התיקון מתחיל להופיע בנשמה של
כל אחד. ואז, כאשר הם נוכחים ומודעים במהלך פעילויות הקבוצה
השונות, הם יתחילו לראות את ההתקדמות שלהם ואת האור הרוחני
הזוהר בתוכם.

חשוב להבהיר שהאור נמצא בכל מקום, כל הזמן. קבוצה רוחנית, שהיא
כעת כלי מקבל, מתחילה להבחין ולהיות מודעת ורגישה לאור הרוחני,
שלפני האיחוד הרוחני הזה הקבוצה לא חשה בו וגם לא הייתה מודעת
אליו. האור הרוחני הוא קבוע, אנחנו רק צריכים לרצות לקבל אותו.

על ידי הפיכה לחלק כולל בחברה בעלת נטייה רוחנית, כל אחד מחבריה
מקבל את הכוח המאוחד של כל הקבוצה, שמייצג את כוחה של הנשמה
המשותפת של כולם. משמעות הדבר היא, שכל שאיפתו של האדם הופכת
לרצון גדול יותר לאור, מאשר היה ליחיד לבדו. בנוסף, כשאנחנו חלק
מקבוצה אנחנו מוגנים מהשפעות העולם החיצוני וניתן להתנגד להן בקלות
רבה יותר.

# 3)מציאת משמעות לטווח ארוך והשלכותיה המכריעות

א)  *איך נוכל לשפר את העולם תוך התבססות על המודעות הרוחנית*
*שלנו ומצפון הקבוצה?*

לימוד ספר הזוהר וטקסטים מקודשים אחרים של קבלה מעניק לנו
נוסחאות וטכניקות לחיות בשפע, שלום, בריאות ואושר. הברית בין
אנשים הפועלים מתוך רצון רוחני משותף יכולה להשיג מטרה זו.

שיתוף פעולה זה אינו בא לקשר בין גופים, מחשבות ומילים, אלא בא
לסייע לאנשים להכיר את המערכת הרוחנית, אשר תוביל אותנו אל הנתיב
לחברה אנושית אמתית. חברה שהוקמה על ידי ולטובת הכלל, חברה
שהפרויקט הרוחני שלה גדול מכל חבריה ונמצא מעל כולם.

אנו יכולים לראות בבירור כי הטבע משולב במערכת מושלמת ומאוזנת,
ברמת הדומם, הצומח והחי. המרכיב החסר היחיד הדרוש לשמירה על
שיווי המשקל הזה הוא בני האדם, שאינם נוכחים לעת עתה, ולסירוגין,
מאיימים על הטבע ועל הסביבה יותר ויותר.

כאשר האחדות הרוחנית שלנו תקבל ביטוי ניפגש בהרמוניה מושלמת
ויפה בכל רמות הטבע. זהו השלב הסופי בהתפתחות שלנו, בתנאים
הנוכחיים בעולם.

לעת עתה, המסלול הרוחני של האנושות בימינו הוא: להיוולד, לגדול,
להתרבות ולמות, דור אחר דור, עד שנוכל לבנות רצון רוחני משותף,
שיום אחד יהפוך לאחיד, שמכיל את כל הרצונות שלנו.

ב)  *כיצד ניתן לשרת טוב יותר את החברה ברמת היחיד וברמת*
    *הקהילה?*

הכל מתחיל בילדים. החינוך הוא היסוד להתפתחות היחיד ולתרומתו
לחברה. ילדים, מרגע שהם הולכים לגן ועד לבית ספר תיכון, צריכים
להתחיל להיות חלק מחברה המבוססת על הוראה, המתאימה למערכת
הרוחנית לכל ילד ולקהילה הרוחנית שלו.

החל מילדות, עלינו ללמד את הילדים להעריך את החיים גם ברמה
מופשטת יותר. אנחנו צריכים לגרום להם להיות מודעים לכך שיש הרבה
יותר בעולם ממה שאנחנו יכולים לראות, לגעת, להריח, לטעום ולשמוע.
באמצעות משחקים ודוגמאות, אנחנו יכולים בקלות לעזור להם לזהות את
הכוחות הנסתרים ששולטים במציאות והם חלק מהמערכת הרוחנית.
כאשר הילד מבין את היסודות הבסיסיים של נתינה, עזרה, תמיכה, שיתוף
פעולה ואהבה, הוא גם ייהנה ויעריך את המודעות לחיים של שלום
והרמוניה עם הסביבה, תוך הסתגלות לאיזון אוניברסלי, על אף טבעו
האנוכי.

כפי שראינו, כדי לחיות בחברה של ערבות הדדית, עלינו לשרת אותה על
בסיס מוצק של מודל רוחני קבוצתי הקשור לערכים הבסיסיים שלה.

ג)  *כיצד נוכל לעצב את ילדינו כדי שיפעלו בצורה מוסרית ואתית, כדי*
    *שיוכלו לקבל שביעות רצון גדולה יותר ויגיעו לתוצאות טובות יותר*
    *בכל פעילות?*

150

כפי שאומרת הקבלה, החינוך אינו תלוי בגיל, אין לו התחלה ואין לו סוף.
החינוך זהה לכולנו, הן למבוגרים והן לילדים. ההבדל הוא שבחינוך ילדים
אנחנו משתמשים בכלים המתאימים לרמת ההבנה השכלית והרגשית
שלהם. אנחנו, המבוגרים, יכולים גם ללמוד לצדם וגם ללמוד מהם.

חינוך הוא דרך שכל אדם עוקב אחריה מהיותו תינוק ועד גיל מבוגר.
כהורים, אנו מקווים להטמיע ערכים אצל ילדינו שינחו אותם לדרך נכונה,
אנו מקווים שהם יצליחו בכל דבר וישרתו את הקהילה ואת המדינה היטב.
החינוך צריך לעזור לצעירים לגלות את הגורמים שבאמצעותם נשלטים
העולם והחיים.

הבטחת עתיד טוב יותר לילדינו פירושה גידולם בסביבה בריאה, בשיתוף
עם קבוצה רוחנית, במטרה לחיות בהרמוניה עם הסביבה, באהבה לבריאה
ולכל ביטוייה ובמסירות בלתי אנוכית כלפי אחרים. לעולם אין לשכוח
שהן המבוגרים והן הילדים, הם תוצר של הסביבה החברתית-כלכלית,
התרבותית והפיזית שלהם.

יש לנהוג בילדים מתוך כבוד לחייהם, עם חשיבות, תמיד לספר להם את
האמת, לענות על כל השאלות שלהם ולהקשיב להצעותיהם, להיות זהירים
ומתחשבים, לייעץ להם בכנות, ולהתקרב אליהם כחברים.

ד)  *איך לימוד והבנת המערכת הרוחנית יכולים לסייע לשפר את כדור*
*הארץ, לנוכח המצב הנוכחי הרעוע של הכלכלה העולמית, האקלים*
*הבלתי ניתן לתיקון והמערכת האקולוגית השברירית שמתדרדרת*
*כל הזמן?*

קפיטליזם מערבי מבוסס על צמיחה מתמדת של כלכלה. ללא צמיחה, אין יציבות במערכת הקפיטליסטית. במודל כלכלי זה של צמיחה ופיתוח, אנו רחוקים מאוד מלספק את הצרכים הבסיסיים של אוכלוסיית העולם. המערכת יצרה את הבעיות הנוכחיות שלנו, הן במדינות המערב והן במרבית המדינות של אמריקה הלטינית, אפריקה ואסיה. קיימים מיליוני מובטלים או לא מועסקים, אנשים חסרי בית או עקורים, מאות פשיטות רגל יומיות ועסקים שלא הגיעו ל"צמיחה" שנספגים על ידי תאגידים כלכלים פרטיים, אשר מקובצים לקרטלים, שמוגנים על ידי פוליטיקאים המבוהלים מחוסר האונים שלהם, מחוסר יכולתם וחוסר הידע שלהם בטיפול במשבר העולמי.

אין בכוונתנו לפתוח בדיון על קפיטליזם ולא כיצד נוכל לשפר אותו. אנחנו לא מדברים כאן על החלפת הקפיטליזם. קפיטליזם בתור מפעל חופשי, בבסיסו, במובנים רבים הוא חיובי והכרחי לפיתוח החברה המודרנית. יצירתיות ומפעל חופשי טבעיים לבני אדם. מפעל פרטי, המבוסס על פרויקט רוחני חיובי, יביא תועלת לאנושות. אנחנו יכולים לעזור על ידי תיקון הנזקים והסטיות במערכת הקפיטליסטית באמצעות פרויקטים רוחניים בקנה מידה גדול, על מנת להגיע בהדרגה למינימום הנדרש לחיים בכבוד, חיי בריאות והגינות, בסיפוק מן ההווה.

כפי שציינו מספר פעמים, אין רוע שאינו מביא לטוב, יש משהו טוב בכל דבר. הצד החיובי של המצב העולמי הלא יציב, הוא שהייאוש וחוסר

שביעות הרצון של האנשים יובילו אותנו, במוקדם או במאוחר, ליצירת סוג חדש של ארגון חברתי-כלכלי עבור כל כדור הארץ.

המערכת האקולוגית אינה תלויה ישירות בנו, אבל המערכת הכלכלית כן, והיא משפיעה ישירות על המערכת האקולוגית. שינוי חברתי-כלכלי הוא חיוני, הן ברמה המקומית והן ברמה העולמית, כמו גם שינוי בכוונותינו מ"לקבל עבור עצמינו" ל-"לתת מעצמינו לאחרים".

הדרך היחידה האפשרית היא להפריד, להבין ולנהל את הטבע האגואיסטי שלנו ולפנות מקום לאיכות הפוכה: האור הרוחני, אשר ישנה אותנו למטיבים, מעניקים, תורמים, עוזרים, יועצים ומשפיעים בצורה ריבונית.

השתתפות ועשיית פרויקטים רוחניים מסייעת לנו לספק את שאיפתנו להשפיע, אבל כל פרויקט צריך לעקוב אחר נורמות ומגבלות שתורמות לשיפור המערכת האקולוגית מבלי להחמיר את ההווה, כמובן.

האתגר החברתי, הקהילתי והעולמי הגדול ביותר הוא העלאת המודעות של הרשויות, אשר בתורן, שומרות ומגנות בחירוף נפש על הסטטוס קוו כאילו שחייהם תלויים בו ואינם מעוניינים לשנות את המנטליות שלהם. ישנן דרכים רבות להסביר את ההתנהגות הנ"ל, משום שהמנטליות מנוגדת להגדרתה הקפיטליסטית. המערכת הנוכחית, הכוללת בנקאות, תעשייה, ביטוח, תלכידים עסקיים, פוליטיקאים וממשלות, ממשיכים להזרים טריליוני דולרים ולהכניס את האנשים לחובות כבדים, כדי לשמור על התמדה ממשלתית, וכמובן, כדי להתחמק מלדבר על משבר.

מצבם של בני האדם דומה לעבדות חסרת אונים מתוחכמת המתוחזקת
ומופצת על ידי תעמולה, באמצעות צריכה של פריטים מיותרים, קניית
הדגם העדכני ביותר של המכונית או להיות אופנתי, וזה יוצר לחץ קבוע
ומתיש. אם אנחנו מאמינים שאנחנו עובדים על מנת לפרנס את המשפחות
שלנו, אנחנו טועים ביסוד: אנחנו עובדים על מנת לתמוך במערכת מתמדת
של צרכנות רעבתנית.

הפתרון הוא כלכלה, בה הצריכה סבירה. צריכה שמספקת את הצרכים
הבסיסיים לחיים, מזון, דיור, ביטוח לאומי, שירותי בריאות, עבודה, פנאי
וחינוך רשמי ורוחני, באופן הגיוני ונכון לכולם.

הסכם תרבותי וחברתי-כלכלי חדש יביא עמו עידן של מעבר, בו כולם
ישימו דגש על חזון חדש של מאפיינים רוחניים. על הרשויות להוכיח את
הרצון הברור לשינוי ובכך להתחיל ליישם אותו באופן פעיל בכל הרמות.
עד שזה יקרה, אנחנו צריכים לסבול את המערכת הנוכחית ולשתף פעולה
עם הרשויות כדי למנוע קריסה של המערכת הנוכחית ולהימנע מצבים של
כאוס, עד שהחברה החדשה והמערכת החברתית הרוחנית תתחיל לפעול.
זהו נושא רחב שראוי לדיון נוסף בפורום אחר.

ה) *האם ההכרה של המערכת הרוחנית משפיעה על היכולת שלנו*
*להתעלות מרמה לרמה עד שנשיג את השפעת עצמות הבורא?*

ידיעת המערכת הרוחנית משפיעה על כולם באופן חיובי והדרגתי, בכל
אחד מהשדות והאלמנטים הרוחניים, הן כיחידים והן כקבוצה.

ככל שאנחנו מתקדמים מרמה לרמה, ההשפעה שלנו על הקבוצה והשפעת הקבוצה עלינו גדלה באופן מעריכי ובהתאם ליכולת הקליטה של האור הרוחני על ידי הכלי שלנו.

הבורא, שורש נשמותינו, שעצמותו היא חלק בלתי נפרד מהדנ"א הרוחני שלנו, נעשה ברור יותר ומובהק יותר בכל מערכת היחסים והקשרים שלנו עם בני הזוג, המשפחה והחברה.

ו)    *מהי חובתנו כלפי העולם שבו אנו חיים?*

כל הנשמות מאוחדות במערכת רוחנית אחת, בנשמה אוניברסלית. אנו יוצרים אנרגיה חיובית בקוסמוס שמשפיעה על היקום כולו על ידי לימוד רוחניות. לכן, ניתן לדחוף את העולם לעבר שינוי רק באמצעות האיחוד של היחיד בקבוצות והאיחוד בין הקבוצות. כאשר אנו נקבע את מערכת היחסים הרוחנית הנכונה בינינו, תחת פרמטרים משותפים, זה ישפיע על העולם בו אנו חיים. עבודה זו היא העדיפות והאחריות שלנו, אשר בעזרת הבורא, היא תוקם בקרוב מאוד. אָמֵן.

כאשר נחייה במצב של ערבות הדדית, נרגיש מידה מסוימת של הרמוניה שהופכת להיות כוללת יותר ויותר. כל אחד מאיתנו ירכוש את הזכות להתחבר לרמה גבוהה יותר, באיכות גבוהה יותר ועוצמתית יותר. אז נגיע למצב, בו אנחנו לא רק מאכלסים גוף ביולוגי, אלא בנוסף, חיים וחווים את הרגשות ואת התודעה של התואר האנושי.

155

בדרך זו נקבל מהמציאות מעין תפיסה עליונה שהיא נצחית ומושלמת, העולה לרמה שבה הכל מרומם יותר מאשר ברמת ההנפשה שאנחנו חווים.

לפעמים העולם זורם בהדרגה ומשתנה רוחנית כדי להיות מודע לשינוי הזה בתפיסת העולם. בלמידה ויישום של המודל הרוחני המוצע, אנו הופכים לפתע להיות מודעים ונעשים יותר מהירי תפיסה וערניים. אנחנו מבינים באופן מרוכז יותר את הדברים שלא יכולנו להבין קודם לכן וכל אחד מאיתנו חווה עלייה בתודעה. מצב זה מגורה על ידי רעיון האחדות ורעיון המודעות לצורך שינוי. לאחר מכן, האור הרוחני של הרפורמה והתיקון מופעל בכל אדם. אין זה ידע גשמי שהתפתח, אלא נוכחותו של האור הרוחני והאיחוד ההרמוני שלו עם הכלי האוניברסלי. זאת הדרך שאנו חייבים לפתוח לאנושות עם האיחוד שלנו.

# דוגמאות לפרויקטים רוחניים

להלן רשימה של כמה דוגמאות לפרויקטים רוחניים.

ברמה האישית, ניתן להזכיר את הדברים הבאים:

- עזרה לקשישים ואנשים עם מוגבלויות חברתיות, שכליות או רגשיות.
- תמיכה כלכלית בתלמידים בעלי משאבים מוגבלים.
- ייעוץ עסקי לטובת קבוצות מיעוט.

- עזרה כספית לאנשים עם משאבים מוגבלים או אנשים שההכנסה הנמוכה שלהם אינה מכסה את הצרכים הבסיסיים שלהם.
- הלוואות כספים ללא כוונת רווח על מנת לעזור להקים עסק, כדי להוציא מישהו מתוך מעגל העוני.
- ארגון מועדוני נוער לחינוך חוץ ותמיכה לוגיסטית ופיננסית.
- יצירת מקומות עבודה עבור אנשים, אשר מכל סיבה שהיא מתקשים למצוא מקומות עבודה עם תגמול הולם, כדי לצמצם את ההוצאות המינימליות שלהם להישרדות.
- התנדבות מאורגנת ברצון לסייע ללא עלות בפתרון בעיות מכניות של הרכב, הזמינה באמצעות שיחת טלפון אחד או הקשה על מקש ביישומון. ארגון כזה כבר קיים בישראל.

ברמה הקהילתית, להלן הדוגמאות:

- בניית מבנים לטובת הציבור עם מתן שירות חינם, ספריות, בתי חולים, מתחמי ספורט, חדרי ישיבות, פארקים ושטחים ציבוריים.
- עזרה למשפחות מהגרים, פליטים או עקורים בהסתגלותם החברתית.

ברמה החברתית:

- טיפול המוצע על ידי פסיכולוגים או עובדים סוציאליים לקהילות ויחידים החווים משבר.

- ארגונים ללא מטרות רווח, המציעים תמיכה חברתית ופיננסית לאנשים עם צרכים מיוחדים או מגבלות פיזיות.

- חינוך על-תיכוני ומשלים למבוגרים בנושא פרויקטים רוחניים של תועלת ציבורית.

- חיים חברתיים, תרבות ופנאי, בעלות נמוכה, לטובת אנשים מקומיים.

- תמריצים ועידוד כלכלי למחקר ופיתוח באזורים שמטיבים לקהילה.

- הדרכות ניהל עסק באופן אתי, חברתי, אחראי, וידידותי לסביבה.

ברמה ארצית וממשלתית:

- חוקי תועלת חברתית: חינוך חינם באיכות גבוהה וטיפולים רפואיים עבור אנשים בעלי הכנסה נמוכה.

- קידום תכניות המעלות את הרווחה.

- צמצום הביורוקרטיה ככל האפשר, הן במדינה והן בתאגידים העצמאיים המשפיעים על חיי היומיום שלנו.

- הומניזציה של הטיפול באנשים על ידי גורמים ביורוקרטיים. מתן שירות לציבור באהבה, לטובת הלקוח או לטובת המשתמש בשירות.

- חוקים לשמירת המערכת האקולוגית ואיזון אקולוגי עולמי ומקומי של משאבים סביבתיים (אוויר נקי, נהרות לא מזוהמים, מי

שתייה, קרקע לא מזוהמת, צלילים ברמה שאינה מזיקה לשמיעה וכו').

- חינוך ופרסום בנושאי בריאות, תזונה ומערכת רוחנית.

- מימון מלא וממשי למשפחות ללא דיור, ללא ריבית או עמלות אשר מכפילות את הערך המקורי של הנדל"ן ובעלויות סבירות עבור אנשים עם הכנסה מוגבלת או ללא הכנסה.

- פיקוח מחירים ממשי בענפי הדיור, המזון, השירותים, החינוך היסודי, התיכון והאוניברסיטאי.

- טיפול הוגן בבעלי חיים וניהול תקין של משאבי הטבע.

ברמה העולמית:

- חיסול מחלות כמו מלריה, אבולה, איידס ומגפות או וירוסים אחרים בעלי השפעה עולמית.

- מתן סיוע לפליטים, תמיכה חברתית ופיננסית לעקורים מסיבות פוליטיות, כלכליות, מלחמות, רדיפות ואסונות טבע.

- חוקים אוניברסליים נגד זיהום אוויר וסנקציות בינלאומיות חמורות עבור אלה המזהמים את הסביבה. הטלת קנסות העומדים ביחס ישיר לעלויות הבריאות והביטוח של אלו שנפגעו ישירות מהרעלת האוויר, המים ומשאבי טבע אחרים.

# תודות

אני מודה שאני מרגיש מבורך על שמצאתי את עצמי בדרכי עם מאות אנשים - חברים ומכרים, שלמדתי מהם שיעורי חיים רבים, כולל נקודות המבט הרוחניות שלהם. כמעט בלתי אפשרי להזכיר את שמות כל כך הרבה אנשים, אבל ברצוני להזכיר את הורי, מוריי, חברי לכיתה, בני משפחה, חברים, עמיתים, מנהלים, רבנים, מומחים ורבים אחרים שהציעו לי את תשומת לבם הנדיבה. אני מודה לכולם מעומק לבי.

אני חב תודה לאנשים רבים. כאן אזכיר שמות של מספר מוריי האחרונים, אשר בולטים בזכות מסירותם, סבלנותם ודבקותם במטרה ללימוד הזוהר וסודות הקבלה: הרב רפאל גרנות וחיים בקר.

כמו כן, אני אסיר תודה על ההערות החשובות של אחי, ד"ר אייזיק איזנמן, ועל אשתי, אביטל (טלי), על בתי - רבקה ועל ידידי ראלף רזניק.

# ביבליוגרפיה

במשך שנים רבות קראתי ולמדתי הרבה ספרות וכתבי יד, השתתפתי
במגוון שיעורים, כנסים וסמינרים בלתי נשכחים, שמתוכם אציג רק את
המקורות העיקריים ליצירת ספר זה.

- *מבוא לספר הזוהר*, מאת רבי יהודה הלוי אשלג, בעל הסולם
- *הקדמה לספר הזוהר*, מאת בעל הסולם
- *הזוהר*, מאת רבי שמעון בר יוחאי (עם הסבר על ידי בעל הסולם)
- *קבלה למתחיל*, מאת ד"ר מיכאל לייטמן
- *אנטומיה של הנשמה מאת רבי נחמן מברסלב*, מאת חיים קרמר
- *כוחו של עכשיו*, מאת אקהרט טולה
- *מבוא ללימוד עשר הספירות*, מאת בעל הסולם
- *יסודות לידע של הקבלה*, מאת בעל הסולם
- *תלמוד עשר הספירות*, מאת בעל הסולם
- *מדיטציה וקבלה*, מאת אריה קפלן

# מילון מונחים

<u>אגו</u> - רצון להרגיש הנאה או סיפוק עם תחושה של זהות אישית

<u>אגו הכולל</u> – אגו משותף של האנושות

<u>אור רוחני</u> - כוח בלתי מוחשי או אנרגיה אשר מגיע לעולם ולאנושות

<u>אינסוף</u> - צעד ראשון לפני הבריאה

<u>אלְטרוּאיזם</u> (בלועזית) - זולתנות: עשיית דבר מה לאדם אחר שמקבל ממנו סיפוק ושביעות רצון ישירה

<u>באשערט</u> - נשמות תאומות

<u>בינה</u> – הבנה, ספירה שלישית

<u>בורא</u> - המקור האוניברסלי של האור הרוחני, האחד, הייחודי והבלתי משתנה, אין שום דבר אחר חוץ ממנו

<u>בריאה</u> - תהליך שהבורא השתמש בו על מנת ליצור עולם רוחני וחומרי

<u>בושה</u> - מבוכה, רגש אשמה וחרטה, כלימה

<u>גבורה</u> – שיפוט, ספירה חמישית

<u>גוף</u> - גוף, ממלכת התשוקה

<u>דינים</u> - מכשולים, פסקי דין, חוקים, גזרות

<u>דנ"א רוחני</u> - נושאת המידע הגנטי הרוחני של האדם. הדנ"א הרוחני אחראי גם על שידור המידע ועל הטרנסצנדנטיות שלו (טרם זמנו)

<u>דעת</u> – ידע, ספירה האחת עשרה

<u>הוד</u> – פאר, ספירה שמינית

<u>היכל</u> - מקום, ממלכת התשוקה

<u>הסתרה כפולה</u> – חוסר מודעות לכך שאין לך את הכלים כדי לגלות את הבורא

<u>הסתרה פשוטה</u> – מודעות לכך שחסרים לנו הכלים לגילוי הבורא

<u>זוהר</u> - פאר (ספר קדוש)

<u>זְעִיר אַנפִּין</u> - פנים קטנות, קבוצה של שש ספירות

<u>חוכמה</u> - יכולת שכלית, פִּקְחוּת, ספירה שניה

<u>חייה</u> – עצמות, אור שני

<u>חסד</u> - מעשה טוב, טובה, צדקה, ספירה רביעית

<u>יחידה</u> - תמצית ייחודית, אור ראשון (החזק ביותר)

<u>יסוד</u> – זרע, ספירה תשיעית

<u>יש מאין</u> – בלטינית "ex-nixilio", משהו שנוצר מתוך כלום

<u>כלי</u> - מיכל, כלי קיבול, גוף קולטן ומארח עבור האור הרוחני

<u>כלי אוניברסלי</u> - הכלי הקבוצתי של כולם על פני כדור הארץ

<u>כלים</u> - רבים של הכלי

<u>כתר</u> – ספירה ראשונה

<u>כתבי הקודש</u> - תנ"ך, משנה, תלמוד, זהר, קהלת, ספר איכה, תהילים, וכו.

<u>לבוש</u> - שדה של תשוקה

<u>מילוי</u> – מלא, סיפוק

<u>מלכות</u> – ספירה עשירית

<u>מצווה</u> - יחיד של המילה מצוות

<u>מצוות</u> - מעשי חסד

הקרקע, ממושמע, שיטתי, מדויק וחסין בפני פנטזיה. אברהם הוא אידאליסט כדון קישוט, אך גם מציאותי ומעשי כסנצ'ו פנסה. כפי שכתבה בשיר לאברהם בנעוריה ליאונור אוריבה ג'יוסף: "הנך עשוי מחום קר, מבעירה מקלה. הנך מורכב מניגודים, קיצוניות עוצמתית, שמש ורוח. הנך ילד וזקן, השתקפות עזה וחיוורת. הינך מתוק אגרסיבי עם קול מרגיע. זו הייתה משימה מתישה עבור אלוקים לעשות אותך מהקור החם הזה."

במשך למעלה מ-25 שנה חקר אברהם את נושאי הנסתר, במיוחד בתחום הקבלה.

אברהם פרסם מאמרים בנושאים שונים ובשפות שונות. הוא דובר אנגלית, עברית וספרדית.

אברהם ביים, תסרט והפיק סרטים קצרים, שאחד מהם, הנקרא "*באשרט - הנשמות התאומות*", הוקרן בכמה פסטיבלים בינלאומיים, כולל פסטיבל הסרטים הבינלאומי בחיפה בשנת 1995 וזכה בפרס באחד מהפסטיבלים. "*באשרט*" זה סיפור אהבה המבוסס על הקבלה.

אברהם מנהל שני אתרי אינטרנט עם חדשות על ישראל, אחד באנגלית (www.todaynewsline.com)ואחד בספרדית (www.infopublico.com).

מגיל צעיר אברהם החל לשאול את עצמו האם קיים משהו נטול מסה פיזית או מגנטית שמקשר בין אנשים או מאחד אותם. האם קיימת מערכת, שלא ניתנת לקליטה על ידי חמשת החושים שלנו, שמאחדת את כולנו, לא

משנה כמה אנשים מרוחקים מבחינה פיזית, ללא הגבלת זמן או מקום, שנוכל לכנותה "מערכת רוחנית".

הספר לוקח את מקורותיו מספר *הזוהר*. רוחניות היא הסיבה והליבה של כל הדתות, אבל הספר הזה אינו דתי וגם לא מקדם דת מסוימת.

אברהם חולק את הידע, ההערות והעצות שצבר עם כל אלה הנמצאים בדרך לרוחניות.

בספרו הראשון אברהם מציג בפנינו שיטה מובנית, על מנת לסייע לנו לזהות ולשלוט במערכת הרוחנית של כל אחד מאתנו, תוך מתן הסבר באופן כללי על ההרכב הרוחני של האדם, הדנ"א הרוחני שלו.

Email: aaizenm@gmx.com

Web: www.abrahamaizenman.com

<u>נחת רוח</u> - מתן והענקת הנאה וגאווה

<u>נקודה שבלב</u> – רצון ברוחניות

<u>נצח</u> – ניצחון, ספירה שביעית

<u>נפש</u> – אור חמישי (החלש ביותר)

<u>נשמה</u> - אור שלישי, חלק רוחני של אדם, אנרגיה, כוח

<u>נשמה אוניברסלית</u> - נשמה של כלל האנושות, נשמתו של אדם, האדם הראשון

<u>סיפוק</u> – הנאה, מילוי

<u>ספירות</u> - תכונות של האור הרוחני, האצלות, קרניים בוהקות <u>עליה</u> - עלייה רוחנית

<u>ערבות</u> - ערבות הדדית

<u>רוח</u> - אור רבעי

<u>רוחניות</u> - ביטוי של החלק ה"אלוקי" שלנו שיכול להשפיע על מישהו אחר או על כמה אנשים בתנאי גומלין של הגדרה עצמית

<u>רחמים</u> - חמלה

<u>רשימו</u> - טביעה של האור הרוחני שנרשם בכלי, הדנ"א הרוחני

<u>שורש</u> – התחלה שדה התשוקה

<u>שבת</u> - היום השביעי בשבוע ביהדות, יום מנוחה

<u>תפארת</u> – יופי, ספירה שישית

# המחבר

אברהם נולד וגדל בקולומביה והוא מתגורר כיום בישראל. לאברהם יש 40 שנות ניסיון בתחום המדעים המדויקים תחום ה-IT, הוא בעל תואר במדעי המחשב מהטכניון –המכון הטכנולוגי לישראל ותואר שני במתמטיקה מאוניברסיטת ווטרלו שבקנדה. בנוסף אברהם למד קולנוע באוניברסיטת ריירסון שבטורונטו, קנדה, במסגרת לימודים בתחום מדעי הרוח והאמנויות.

לאברהם תכונות הפוכות, אך משלימות: הוא רוחני, אמנותי, רגיש לטבע, בעל כוח מופלא של הפשטה, אבל הוא גם מציאותי, עומד איתן על